B-S 及跳扩散模型下的期权定价

杨云霞　著

中国农业大学出版社
· 北京 ·

内容简介

本书共有 8 章,分四大块内容。第一块内容叙述了期权定价的研究现状、期权定价的发展方向以及期权定价理论。第二块内容给出了 B-S 期权定价模型以及 B-S 期权定价的扩展模型,并在这两个模型下给出了欧式期权定价公式。第三块内容是跳扩散模型下的期权定价,而跳扩散期权定价模型是 B-S 期权定价模型的推广。双指数跳扩散模型和加权平均指数跳扩散模型是跳扩散模型的延伸,在这两个模型下,主要给出了奇异期权的定价公式。最后一块内容是双指数跳扩散模型的 MCMC 估计,模拟试验表明双指数跳扩散模型能够体现资产收益的经验特征:尖峰厚尾特征和期权定价中的"波动微笑"。

本书可供金融工程专业和研究方向是金融数学与数量经济分析的应用数学专业的硕士研究生使用,也可供高等院校相关专业教师阅读。

图书在版编目(CIP)数据

B-S 及跳扩散模型下的期权定价/杨云霞著. —北京:中国农业大学出版社,2018.7

ISBN 978-7-5655-2044-0

Ⅰ.①B… Ⅱ.①杨… Ⅲ.①期权定价-研究生-教材 Ⅳ.①F830.95

中国版本图书馆 CIP 数据核字(2018)第 139376 号

书　　名　B-S 及跳扩散模型下的期权定价

作　　者　杨云霞　著

策划编辑　赵　中　李卫峰　　**责任编辑**　韩元凤

封面设计　郑　川

出版发行　中国农业大学出版社

社　　址　北京市海淀区圆明园西路 2 号　　**邮政编码**　100193

电　　话　发行部 010-62818525,8625　　读者服务部 010-62732336

编辑部 010-62732617,2618　　出　版　部 010-62733440

网　　址　http://www.caupress.cn　　**E-mail** cbsszs @ cau.edu.cn

经　　销　新华书店

印　　刷　北京时代华都印刷有限公司

版　　次　2018 年 10 月第 1 版　　2018 年 10 月第 1 次印刷

规　　格　787×1 092　16 开本　8.5 印张　150 千字

定　　价　45.00 元

前　言

金融衍生产品定价问题，是现代金融学理论研究领域中的核心内容，也是金融学理论应用于实际的主要理论基石，更是近三十年来应用数学在经济、金融等投资领域内的前沿热点研究课题。无论是理论上的探讨还是实际应用上的分析，它都具有重要的学术价值和社会经济意义。

自从 F. Black，M. Scholes 和 R. Merton 三人在确定金融衍生产品价值的创造性贡献以来，数学金融学的理论与应用研究得到了快速发展，取得了丰硕成果。随着金融实际研究的不断深入，特别是近年来重大金融突发事件的发生以及金融变革中的诸多问题，我们已经发现基于布朗运动和正态分布建立的 Black-Scholes 模型已不能完全适应现代金融市场的变化。1976 年，Merton 首次建立了标的资产价格的跳扩散模型，且在非系统跳风险、跳跃大小分布为正态的假设条件下研究了期权定价问题。至此在 Merton 工作之后，许多学者进行了广泛研究，取得了丰富的研究成果。然而，尽管 Black-Scholes 与 Merton 模型已成功应用到金融市场，但是近来的经验研究表明：在刻画资产价格波动上，它们与实际还存在较大偏差。主要表现为：①跳风险是不容忽视的，可能蕴涵了某种重要的经济现象；②资产收益分布可能具有非对称、尖峰厚尾特征以及“隐含波动率微笑”。

近几十年来，很多研究都是通过解释 Black-Scholes 模型的这两个缺陷来修正 Black- Scholes 公式，但是这些模型的一个共同问题就是很难获得期权定价的解析解。同样这些模型也没能很好地体现资产收益的尖峰厚尾和非对称特征，特别是尖峰厚尾特征。

在 2002 年，Kou 提出了双指数跳扩散模型，该模型最主要的特点就是能产生一个尖峰厚尾分布，更重要的是在双指数跳扩散模型下能给出易处理的欧式期权和奇异期权的解析定价公式。为此，双指数跳扩散模型已经获得了广泛的承认。本文利用鞅方法重新推导出了欧式期权和一些奇异期权的定价公式。由于加权平均指数分布能接近任意分布，因此，在双指数跳扩散模型的基础上，推广得到了加权平均指数跳扩散模型。然而，不管是哪个模型，模型的估计和实证分析至今还没有引起很高的重视。本文使用贝叶斯方法估计了双指数跳扩散模型，该方法是利用 Euler 方法对连续过程进行离散化，用离散过程的似然函数作为模型参数的近似后验似然函数，证明了 MCMC 方法是分析双指数跳扩散模型的有效工具，由 MCMC 方法抽样所得的后验分布可以用来进行统计推断。

全书共 8 章，各章主要内容如下：

第 1 章绪言，主要叙述了期权定价的研究现状及期权定价的发展方向。

第 2 章期权理论，论述了期权的产生与发展、期权的定义、期权的分类、影响期权价格的一些因素及期权交易和股票期权的发展。

第 3 章 B-S 期权定价模型，在假设市场连续、无摩擦、无风险利率为常数、标的资产价格波动率为常数、标的资产价格服从对数正态分布、无交易费用、不支付红利等条件下给出了 B-S 微分方程，推导该方程得到 B-S 模型及该模型下欧式期权的定价公式，并对 B-S 期权定价模型进行了定性分析。

第 4 章 B-S 期权定价的扩展模型，将 B-S 模型中的假设条件放宽并加以修正，得到了支付红利的 B-S 期权定价模型及有交易费用的 B-S 期权定价模型，并在这两个模型下给出了欧式期权定价公式。

第 5 章跳扩散模型下的期权定价，在现实中，由于一些突发事件，资产价格并不是连续而均匀的，而是会发生一定的跳跃，因此在 B-S 模型的基础上给出了跳扩散模型，在该模型下，得到了欧式期权的定价公式及一些奇异期权：复合期权、再装期权和重置期权的定价公式。进一步，将跳过程推广为特殊的更新跳过程，并给出了更新跳扩散模型下欧式看涨期权和看跌期权的定价公式。实际上，跳扩散期权定价模型是 B-S 期权定价模型的推广。

第 6 章双指数跳扩散模型下的期权定价，引入 Kou 双指数跳扩散模型及基本知识，推导欧式期权定价公式。该模型与 Merton 模型不同，股价的跳跃比例服从双指数分布，具有非对称信息。在市场均衡条件下考虑跳风险的系统性，利用鞅方法重新推导期权定价公式并分析跳风险参数对期权价格的影响。其后讨论了双指数跳扩散模型下的欧式看涨期权价格与主要参数之间的关系：当其他参数不变时，期权价格随着执行价 K 的增大而减少；随着 Poisson 跳过程参数的增加而增大；随着扩散波动率 σ 的增加而变大；随着指数分布参数 η_1、η_2 的增大而减少。然后在此基础上分析期权隐含波动率和定价偏差现象，并比较了不同参数的欧式看涨期权定价偏差。最后在双指数跳扩散模型下，给出了障碍期权、回望期权、上限型买权、欧式双向期权、任选期权和滞后付款期权的定价公式。

第 7 章加权平均指数跳扩散模型下的期权定价，将双指数跳扩散模型进行延伸，给出加权平均指数跳扩散模型。模型中，资产价格的跳跃为指数分布的加权平均，而加权平均指数分布能接近任何分布。在加权平均指数跳扩散模型下，对回望期权的定价公式做拉普拉斯变换，并利用欧拉反演算和蒙特卡罗模拟两种方法得到了回望期权的价格的数值结果，对上升入局看涨障碍期权做二重拉普拉斯变换，同样也是在欧拉反演算和蒙特卡罗模拟两种方法下得到的上升入局看涨障碍期权价格的数值结果，而其他障碍期权的定价可类似得到。

第 8 章双指数跳扩散模型下的 MCMC 估计，模型的应用必然涉及参数估计问题，使用贝叶斯方法估计了双指数跳扩散模型，该方法是使用欧拉方法对连续过程进行离散化，用离散过程的似然函数作为模型参数的近似后验似然函数，证明了 MCMC 方法是分析双指数跳扩散模型的有效工具，由 MCMC 方法抽样所得的后验分布可以用来进行统计推断。模拟试验表明，双指数跳扩散模型能够体现资产收益的经验特征：尖峰厚尾特征和期权定价中的“波动微笑”。

杨云霞
2018 年 3 月

目　　录

第1章 绪　言

在过去的半个世纪里，金融学的定量研究已经越来越引起人们的足够重视和广泛兴趣，尤其是20世纪90年代的全球性金融危机和近年来国际金融界发生的许多重大金融事件，让人们清楚地看到：人们对金融变革过程中存在的诸多问题产生了极大的关注，不论金融界还是学术界都加强了金融理论的研究和应用。但同时人们也越来越深刻地体会到，没有定量研究的思想方法，要驾驭"金融市场"简直是天方夜谭。然而定量研究的思想方法要直接依赖于数学。现在，数学化的思想和方法，已经深入广泛地应用到金融领域的研究过程中。随着现代信息技术的快速发展、成熟和广泛应用，以及全球经济紧密联系、互动性强、一体化程度越来越高，各种新型衍生金融产品的出现和迅猛发展是近十多年来国际金融中最重要的事件。据美国《幸福》杂志在2000年报道，目前国际金融市场上已知金融衍生工具已近2 000余种。一些银行、证券公司还在不断地推出新的"组合"衍生金融工具。金融创新的浪潮席卷全球，波及金融业务的各个领域，强劲地推进着金融市场一体化和金融业务国际化的进程。各种不同类型衍生工具的场内外交易数量、规模、效益、金额都非常大。作为当今"虚拟"经济时代的产品——衍生金融工具已经成为国际金融贸易中最大的交易对象。正因为如此，开展金融衍生产品定价问题的研究，才有举足轻重的理论价值和社会实践意义。

我国金融市场起步较晚，尚处在新生发展阶段，市场条件未完全成熟。对现代金融学理论和方法的研究相对落后，特别是金融实际问题的理论和应用研究更是如此。随着我国改革开放进一步加快和国民经济持续高速增长，居民收入有了显著增加，个人收入与消费支出也呈现多元化结构。我国经济金融环境发生了深刻变化，市场经济结构不断发育成长并逐步与国际接轨、参与国际市场竞争。各种金融衍生品的出现和新型市场的引入，已是势不可挡。特别是，股权分置改革、利率的市场化和汇率制度改革的推进，将推动我国金融市场研究的不断发展和完善。因此，建立符合实际发展规律的金融市场模型，并研究各种金融衍生品的定价问题，不仅可以有效地规避资金运作的风险，吸引投资者，而且有利于促进金融市场繁荣和提高管理决策能力。

由于期权具有良好的规避风险、风险投资和价值发现等功能，且表现出灵活性和多样性特点，故近 20 年来，特别是 90 年代以来，期权成为最有活力的金融衍生产品，得到了迅速发展和广泛的应用。期权市场的快速发展得益于期权理论的不断深化。期权理论研究的重点在于两个方向：一个方向是如何构造出新的期权，以满足不断变化的市场投资需要；另一个方向是如何确定这些日趋复杂的期权的价值。在期权定价研究方面，80 年代以前的研究一般都假定期权所依赖的标的资产的价格为一连续随机过程，市场也是“完善”的，在这些比较理想化的假设条件下，指导出各种期权的定价模型。近 10 多年来，得益于计算机技术的快速发展，期权定价理论研究在以下两个方面得到深化，取得了大量研究成果：一是研究在不完善市场条件下如何确定期权价格问题；二是认为期权所依赖的标的资产价格是一连续随机过程假设条件过于理想化，将这个假设条件改进为基础资产的价格服从“跳扩散过程”来研究期权的定价问题。

1.1 期权定价研究现状

金融市场中有许多数学问题，期权定价(option pricing)问题是直接影响投资者利益的主要内容。期权作为金融衍生工具的重要一员，是投资者进行资本套期保值的“超级武器”，其定价研究是最广泛的。期权的价格实质是一种风险价格，影响期权价格的因素众多，包括标的资产当前价格、期权协议价格、标的资产价格的波动率和无风险利率等诸多因素。为了探讨它，让我们先简单回顾数学金融学的发展史。

金融学是从经济学分离出来的一门独立学科，早期金融学大多数是定性描述金融现象和规律。将数学理论和方法应用于金融，最早可追溯到 1900 年法国数学家巴舍利耶(L. Bachelier)发表的博士论文“投机理论(Theory of speculation)”，论文阐述了资本市场股票价格波动服从绝对的 Brown 运动，单位时间方差为 σ^2，且没有漂移，买方期权的价值为：

$$V = S\Phi\left(\frac{S-X}{\sigma\sqrt{\tau}}\right) - X\Phi\left(\frac{S-X}{\sigma\sqrt{\tau}}\right) + \sigma\sqrt{\tau}\varphi\left(\frac{S-X}{\sigma\sqrt{\tau}}\right)$$

其中 S 是股票价格，X 是执行价格，τ 是距到期日时间，$\Phi(\cdot)$ 和 $\varphi(\cdot)$ 分别是标准正态分布函数和正态密度函数。这一理论宣告了一门新的学科——数学金融学(又称数理金融学、金融数学)的诞生，它为现代期权定价理论的建立奠定了基础。

然而，Bachelier 的工作没有引起金融学界的重视达 50 多年。以现在的标准来看，这一模型也许还是领先的，它只在两个方面稍有缺陷：一是在该模型中假设股票价格过程是绝对 Brow 运动——这允许股票价格为负，这与有限债务假设相悖，另一个是该模型忽略了资金的时间价值为正、期权与股票间的不同风险特征以及投资者的风险厌恶，因而在应用上受到限制。虽然有此不足，实际上该公式对预测短期看涨期权的价格非常适用。但在长期期权价格的判断中，因要求期权价格与期权的平方根成比例增加而失败。

在其后的半个多世纪里，期权定价理论进展甚微，多数发展集中于特定的经济计量模型，直到 20 世纪 60 年代才有一些新的进展。1952 年 H. Markowitz 发表了“组合投资选择理论（Theory of Portfolio Selection）”的论文，第一次从数量经济学的角度，揭示了金融市场中，如何利用投资组合创造更多的可供选择品种，来获取最大可能的预期收益率，以及如何通过分散投资来降低风险。这就是著名的证券组合投资理论，又称为均值-方差（Mean-Variable）模型。这一理论开创了现代金融投资分析理论研究的先河，标志了现代金融学的开始。

1961 年，斯普里克尔（Sprenkle）在“Warrant prices as indications of expectations”（认股权价格是预期和偏好的指示器）一文中，假设股票价格过程是对数分布，有固定的均值和方差，且该分布允许股票价格有正向漂移。以此假设为基础，他提出了一个买方期权的定价公式：

$$V = e^{\alpha\tau} S\Phi\left(\frac{\ln(S/X) + (\alpha + \frac{1}{2}\sigma^2)\tau}{\sigma\sqrt{\tau}}\right) - (1-\pi)X\Phi\left(\frac{\ln(S/X) + (\alpha - \frac{1}{2}\sigma^2)\tau}{\sigma\sqrt{\tau}}\right)$$

其中 π 是市场价格杠杆“price for leverage”的调节量。但是斯普里克尔没有贴现这一预期值来确定期权价值（当 π 取零时，上式给出了期权的最终预期值）。

1964 年，博内斯（Boness）在“Elements of a theory of stock-option values”（股票期权价值理论的要素）一文中，也假定股票收益呈固定对数分布，不同的是，Boness 考虑了风险保险的重要性，为了简明，博内斯假定“投资者不在乎风险”。利用这一假设证明了用股票的预期收益率来贴现最终期权的预期值。他的期权定价公式为：

$$V = S\Phi\left(\frac{\ln(S/X) + (\alpha + \frac{1}{2}\sigma^2)\tau}{\sigma\sqrt{\tau}}\right) - e^{\alpha\tau} X\Phi\left(\frac{\ln(S/X) + (\alpha - \frac{1}{2}\sigma^2)\tau}{\sigma\sqrt{\tau}}\right)$$

其中 α 是股票的预期收益率。这一等式在形式上与后面的 B-S 公式完全相同，唯一的区别是它的用法。此处是股票的预期收益率而不是无风险收益率，假如博内斯将投资者不在乎风险的价格代以逻辑结论 $\alpha=\gamma$，他将推导出 B-S 方程，当然，他的推导仍需建立在风险中性的假设基础上。

1965 年，萨缪尔森(Samuelson)认识到，由于不同的风险特征，股票与期权的预期收益率一般来说是不同的，他在“Rational theory of warrant pricing”(认股权定价的合理理论)一文中提出了一个欧式买方期权的定价模型，该模型考虑了期权和股票的预期收益率因风险特性的差异而不一致，并认为期权有一个更高的预期收益率 β。该模型的定价公式为：

$$
\begin{aligned}
V = {} & \mathrm{e}^{(\alpha-\beta)\tau} S\Phi\left(\frac{\ln(S/X)+(\alpha+\frac{1}{2}\sigma^2)\tau}{\sigma\sqrt{\tau}}\right) \\
& - \mathrm{e}^{-\beta\tau} X\Phi\left(\frac{\ln(S/X)+(\beta-\frac{1}{2}\sigma^2)\tau}{\sigma\sqrt{\tau}}\right)
\end{aligned}
$$

1969 年，萨缪尔森和默顿(R. C Merton)用一种资产组合选择的简单均衡模型检验了期权定价理论，这种模型允许内生地确定股票和期权收益率，他们证明了期权问题可以用函数形式的“公共概率”项来表述，这种函数形式与用真实概率所表述的问题一样。以这种方式表示时，调整过的股票预期收益率和期权收益率是一样的。这一方法使用了被现在认为是理所当然的估价期权的风险中性或偏好自由发展的发展成果。

上述期权定价模型的提出推动了期权定价理论的发展，但是，金融学界对证券是否有一种内在定价机制一直争论不一，期权定价问题仍然困扰着人们。1973 年 F. Black 和 M. Scholes 共同发表了一篇关于期权定价的开创性论文，创造性地归纳出一条广泛应用于金融市场期权定价的显示表达式，即被人们称誉的著名 Black-Scholes 公式。它为金融领域的经济评估奠定了定量分析的基础，并被理论界和金融实业界广泛接受和使用。同年，R. C. Merton 将 Black-Scholes 定价公式推广：股票可以连续支付红利，无风险利率和标的资产价格的变异度不为常数。Merton 完善了衍生证券产品的定价，因此 Black-Scholes-Merton 获得了 1997 年的诺贝尔经济学奖。至此，Black-Scholes-Merton 理论构成了数学金融学的主要内容。值得注意的是，这些理论都是建立在非常理想的金融市场模型上的。然而，现实市场不是理想模型，存在许多影响市场变化的不确定性因素，这些因素对定价和投资组合等都会产生不同程度的影响。因此，在他们研究基础上，许多学者从不同角度来研究数学金融学的理论与实际应用，取得了丰硕成果。

1.2　Black-Scholes 模型的修正

Black-Scholes[1] 公式是欧式期权定价公式，它假定了风险资产价格 S 服从几何布朗运动并无红利支付；瞬时收益率、波动率、无风险利率都为常数；市场无摩擦等。公式是用风险资产、期权和无风险资产组成对冲组合投资，并利用无套利原理推导出来的。即

$$\frac{\mathrm{d}S_t}{S_t} = \mu \mathrm{d}t + \sigma \mathrm{d}W_t \tag{1.1}$$

$\{W_t, t \geqslant 0\}$ 是标准布朗运动，μ、σ 为正常数。则执行价格为 K，到期日是 T 的欧式看涨期权 t 时价格等于

$$C(t,S,T;r,\sigma,K) = SN(d_1) - K\mathrm{e}^{-r(T-t)}N(d_2) \tag{1.2}$$

这里 $d_1 = \dfrac{\ln \dfrac{S}{K} + \left(r + \dfrac{1}{2}\sigma^2\right)(T-t)}{\sigma\sqrt{T-t}}$，$d_2 = d_1 - \sigma\sqrt{T-t}$，$N(x) = \dfrac{1}{\sqrt{2\pi}}\displaystyle\int_{-\infty}^{x} \mathrm{e}^{-\frac{1}{2}y^2}\mathrm{d}y$。

从模型(1.1)、(1.2)看到 Black-Scholes 公式是基于风险资产价格连续变化的，依赖于 S,K,T,σ,r 五个参数。然而从实际数据统计研究结果[2][3]表明：股价实际收益的回报率分布比模型(1.1)刻画的要尖峰厚尾些，并从期权市场价反过来研究股票波动率也发现存在偏差，即期权有隐含波动率(Implied Volatility)。为了克服 Black-Scholes 公式的缺陷和不足，1976 年 Merton[4][5]对模型(1.1)进行了推广，考虑(1.1)中 σ 和 r 是随时间而变的函数，得到了类似(1.2)的公式。后来，许多学者开始推广和拓展(1.1)，主要从红利、利率及波动率等参数的实际市场变化要求来研究期权定价。如随机利率模型的欧式期权定价[5]，美式期权定价[6]~[8]，随机波动率模型的定价问题[10][11]；随机经济因素影响 σ、r 的期权定价[12][13]以及利用自由边界或黏性解研究美式期权定价[14]~[16]等。

人们在发展非标准期权定价方面(奇异期权的定价)也做出了许多成果。这类期权比标准欧式或美式期权的盈亏状态更复杂，更实用。这类期权的特点就是附有许多额外的定价信息，多数在交易所场外交易。近十几年来，这类期权的交易越来越流行，深受投资者喜欢。如障碍期权、回望期权、亚式期权、重置期权、外汇(或

外国股票)期权、债券定价等[17]~[26]。

跳扩散模型(Jump-Diffusion Model)也称为不连续市场模型。由于前述期权定价与最优效用问题的许多研究成果是基于平稳、理想化的市场模型导出的,而平稳就是利率与价格呈连续变化态势,不会有暴涨暴跌,这一点主要是由市场的厚实(deep)与良好的流动性(liquidity)所支撑的,但是它不适应于间断、突变的经济环境和金融市场。

许多学者从股价回报的实际数据研究发现:股价呈尖峰厚尾特征,而不是模型(1.1)所描述的对数正态分布。此外,模型(1.1)的理论结果与现实之间存在系统性偏差。1976年,Merton[27]首先提出并研究股价具有不连续回报时的期权定价。后来,人们着手从理论和实际应用两方面寻找更接近现实股价的动态方程,来克服连续扩散模型(1.1)的不足,消除期权隐含波动率"微笑"现象,使之能更好地适应市场突变性对资产价格的影响。特别是东南亚金融危机的发生、美国长期资本管理基金(LTCM)在俄罗斯银行的经营失败,以及许多影响经济平稳发展的重大国家政策调整、自然灾害(如海啸、地震)等事件,使人们已经认识到:建立和研究不连续市场模型的重要性和迫切性。正如沈致远院士等在《科学》杂志发表的文章指出:"研究突发事件是数学金融学的重要课题"。因此,跳风险因素在资产定价中不容忽视,而且可能蕴涵了重要的经济意义。近年来,研究不连续市场模型的金融数学问题已越来越受人们喜爱和关注。其研究主要有以下两类:

(1)Poisson-Gaussian 过程　这类模型是直接在模型(1.1)基础上加上 n 个与布朗运动 W 独立的 Poisson 过程,即股价满足

$$\frac{\mathrm{d}S_t}{S_t}=\mu\mathrm{d}t+\sigma\mathrm{d}W_t+\sum_{i=1}^{n}\delta_i(\mathrm{d}N_t^{(i)}-\lambda_t^{(i)}\mathrm{d}t) \tag{1.3}$$

其中 $\delta_i>-1$ 为常数,$\{N_t^{(i)},t\geqslant 0\}_{i=1}^{n}$ 是强度为 $\lambda_t^{(i)}>0$ 的相互独立的 Poisson 过程。I. Bardhan[28][29]、C. Mancini[30][31]、林建忠与叶中行[32]以及邓国和[33][34]等研究了期权定价与最优效用问题。

(2)复合 Poisson 过程　1976年,Merton 引入了跳扩散模型,他假定股价服从复合 Poisson 跳扩散过程,即

$$\frac{\mathrm{d}S_t}{S_t}=(\mu-\lambda k)\mathrm{d}t+\sigma\mathrm{d}W+\mathrm{d}\left[\sum_{i=1}^{N_t}(V_i-1)\right] \tag{1.4}$$

其中 $\{V_i,i=1,2,\cdots\}$ 是非负的 i. i. d. 的随机变量,表示股价跳跃比例且 $Y=\ln(V)\sim N(\mu_y,\sigma_y^2)$,$N=\{N_t,t\geqslant 0\}$ 是强度为正常数 λ 的 Poisson 过程,$k=E(V-1)$。模型(1.4)仍然描述股价回报分布为正态的(即呈对称性特点),故称正

态跳扩散模型。Merton在推导期权定价公式过程中作了关键性假设,即跳成分是非系统性风险,这意味着 Black-Scholes 形式的证券组合投资在消除了几何布朗运动带来的系统性风险后同样获得无风险利率的收益,由此得到了欧式期权定价公式[35]。

后来,也有些学者研究几何 Levy 过程,如文献[36][37]等。需要指出的是我们所研究的双指数跳扩散模型实质是 Levy 过程的一种特例。

自 Merton 引入跳扩散模型后,许多学者开始探讨类似的金融数学问题。如期权定价研究成果中具有代表性的:L. O. Scott[38]、G. J. Jiang[39]、G. Bakshi[40]等利用 Fourier 反变换法讨论了利率、股价波动率都随机时的欧式期权定价或模型参数估计的实证研究。E. Morecki[41]、C. R. Gukhal[42]和 H. Pham[43]等讨论了美式期权定价。C. S. Zhou[44]等在(1.4)下研究了信用结构模型的信用价差问题。在效用最优化问题的研究过程中,由于很难得到像扩散模型(1.1)的投资策略反馈显示解,因此这方面研究成果不多,主要从理论上讨论目标值函数的性质。有代表性的研究有:L. R. Wu[45]考虑了股票有超值回报过程时财富效用最大化问题并解释了跳波动对组合投资的影响。J. Liu[46]及 B. Beaker[47]在股价含 Hull-White 型随机波动率时研究了资产动态分配问题等。

到目前为止,股价服从扩散模型(1.1)的期权定价与最优组合投资等问题的理论与应用研究成果已相当成熟,但跳扩散模型的若干数学金融学问题才刚开始研究,尤其是实证的应用研究。从这些研究成果来看,它们共同的研究方法大致有两种:一种是理论方法,包括鞅、随机动态规划原理和黏性解理论。另一种是数值方法,如 Monte Carlo 模拟、二叉树和有限差分法[12][49]等。

第2章　期权理论

2.1　期权交易的产生与发展

在17世纪荷兰郁金香球茎交易狂热时期，期权交易萌芽形式出现。当时的荷兰拥有世界上最大的金融市场，为郁金香的投机交易提供了非常有利的环境条件。如今所说的“看涨”期权和“看跌”期权也是在那时候被创造出来并广泛应用至今。

19世纪90年代纽约股票交易所成立之后，金融产品的期权交易开始出现，华尔街的投资者及金融机构不断地提出有关期权的投资理念。在1875年，一家名为Turnbrige and Company的证券经纪商提出了期权交易的思想：如果你认为股票价格会上涨，则可以买入看涨期权；反之，如果你认为股票价格会下跌，就可以买入看跌期权。19世纪后期，出现了股票金融产品的期权交易，但是由于没有规范的期权交易场所和标准的期权交易合约，期权交易的发展受到了很大的制约。进入20世纪，期权交易发展步履艰难，由于过度投资，其名誉受到很大的影响，期权交易变得不被人接受。

1973年4月26日是具有历史意义的一天，这天，世界上第一个期权交易所——芝加哥期权交易所正式成立。这个期权交易所的成立，标志着以股票期权为代表的真正意义上的期权交易进入了一个完全统一、标准化、管理规范化的全面发展的新阶段。合约的标准化使买卖期权的交易者可以在期权到期日前对冲交易，大大增加了市场的流动性。

交易所刚成立的时候，可供交易的只有普通的少数看涨期权，大部分的投资者对交易所推出的期权产品都抱着怀疑的态度。随着布莱克-斯科尔斯(Black-Scholes)期权定价模型的出现并被交易所采用，期权交易量迅速增大，期权交易在美国得到了飞速的发展，美国成为世界期权交易中心。美国期权交易的迅速崛起和成功，带动了全世界期权交易的形成和发展。

2.2 期权的定义

期权(option)是买卖特定商品或有价证券的合约,并在合约到期时由合约双方决定是否执行这一合约。更简单地说,期权是一种选择权,其交易的实质就是权利的买卖和对投资机会的把握。期权的一方在向另一方支付一定数额货币后,就拥有在一定时间内以双方事先商定的价格向对方买入或卖出一定数量的某商品或有价证券的权利。

在期权交易中,获得选择权的一方通常称为期权购买人(option buyer),因为他们为获得这种选择权必须向该权利的提供方支付一定的货币。而向交易对方提供这种选择权的一方,通常被称之为期权出售人(option seller),因为他们以收取一定货币为前提而提供这种权利,因此,期权出售人也被称为期权创始人(maker of the option)或出具人(writer)。

相对于其他金融衍生产品,期权是一种权利的买卖,期权买方要获得这种未来权利就必须向卖方支付一定的费用(期权合约费),并且买方在未来买卖的标的资产是确定的,标的资产价格(执行价格)也是确定的,期权买方根据自己的合约可以购进标的资产或售出标的资产。所以,期权概念是从卖方来定义的。

需要注意的是,期权是一种独特类型的金融合约,它赋予了期权持有者做某件事的权利,但持有者不一定必须行使该权利,也就是说买卖双方的权利和义务不对等,这种不对等主要通过期权费来平衡。期权费因期权的种类、期限、标的资产价格的不同而不同。

2.3 期权的分类

2.3.1 看涨期权和看跌期权

期权有两种基本类型:看涨期权(call option)和看跌期权(put option)。看涨期权又称为是“多头期权”或“买权”,指持有者有权在某一确定的时间以某一确定的价格购买标的资产;看跌期权又称为是“空头期权”或“卖权”,看跌期权的持有者有权在某一确定的时间以某一确定的价格出售标的资产。期权合约中的价格被称为执行价格或敲定价格，合约中的日期称为到期日或执行日。看涨期权的购买者是希望标的资产价格上升，而看跌期权的购买者是希望标的资产价格下降。

2.3.2 美式期权和欧式期权

根据执行方法的不同，期权又可分为美式期权(American option)和欧式期权(European option)。美式期权可在期权有效期内任何时候执行，欧式期权只能在到期日执行。在交易所中交易的大多数期权为美式期权。然而，欧式期权比美式期权更容易分析，并且美式期权的一些性质总是可以通过欧式期权的性质推导出来。

例如，某投资者购买了100个IBM股票的欧式看跌期权，执行价格为80美元。假定股票的现价为76美元，距到期日有3个月，期权的价格为7美元。由于期权是欧式期权，投资者只能在到期日且在股票价格低于80美元时执行该期权。假定在到期日股票价格为60美元，可以以每股60美元的价格购进100股股票，再按看跌期权合约规定，以每股80美元的价格售出相同的股票，实现每股20美元的盈利，2 000美元的总盈利。当考虑期权的价格成本时，投资者每一期权获净利为13美元，总净利为1 300美元。当然，如果最后股票的价格高于80美元，看跌期权在到期日时价值为零，投资者每一期权的损失为期权的价格7美元，总的损失为700美元。

2.3.3 实值期权、虚值期权和两平期权

当期权持有者执行期权能产生利润时，称期权为实值期权(in the money)；当持有者执行期权无利可图时，称期权为虚值期权(out of the money)；当执行价格等于资产价格时，称期权为两平期权(at the money)。

如果用S代表股票价格，X代表执行价格，则当$S > X$，看涨期权是实值期权，看跌期权是虚值期权；当$S < X$时，看涨期权是虚值期权，看跌期权是实值期权；当$S = X$时，看涨期权和看跌期权都是两平期权。很显然，只有当期权是实值期权时，它才会被执行。不考虑交易费用时，如果一直没有提前执行期权的话，实值期权通常是在到期日才执行的。

内涵价值(intrinsic value)也称为是内在价值,定义为期权立即执行时所具有的价值和零这两者中的极大值。看涨期权的内在价值为 $\max(S-X,0)$,看跌期权的内在价值为 $\max(X-S,0)$。一个处于实值状态的美式期权的价值一定是大于或等于其内在价值,因为该期权的持有者可通过立即执行期权实现其内在价值。通常处于实值状态的美式期权的持有者最理想的做法就是持有期权直到期权的到期日,而不是立即执行它,于是就说期权具有时间价值,而期权的全部价值为其内在价值与时间价值的和。

2.4 奇异期权

比标准欧式或美式看涨期权和看跌期权盈亏状态更复杂的衍生证券有时称为奇异期权(exotic option),也称为新型期权。期权市场获得了巨大的成功,正是期权交易才使种种投资组合成为可能。近年来,部分创新发生在定制期权市场,这使场外期权市场交易非常活跃,很多新型期权也由此而诞生。常见的奇异期权有亚式期权、障碍期权、回望期权、两值期权、复合期权、再装期权、重置期权、上限型买权、欧式双向期权、任选期权、滞后付款期权等。

2.4.1 亚式期权

亚式期权(Asian option)又称为平均价格期权,是股票期权的衍生,它是在总结实值期权和虚值期权等期权实施的经验基础上推出的。亚式期权的收益依附于标的资产在至少是期权部分有效期内的平均价格。例如,一个亚式期权的收益等于在过去3个月中股票的平均价格减去执行价格,如果这个值为正;否则为零。按照计算基础价格的不同,亚式期权可分为平均价期权和平均执行价格期权。

亚式期权是当今金融衍生产品市场上交易最为活跃的奇异期权之一。与标准期权的区别在于:在到期日确定期权收益时,不是采用标的资产当时的市场价格,而是采用期权合同期内某段时间的资产价格的平均值,这段时间称为平均期,在对价格进行平均时,采用算术平均或几何平均。

亚式期权一般比标准期权相对便宜,且随着平均时段增大,期权呈下降的趋势,因此,亚式期权广泛应用于国际贸易部门。

2.4.2 障碍期权

障碍期权(barrier option)是指在其生效过程中受到一定限制的期权,其目的是把投资者的收益和损失控制在一定范围之内。障碍期权的收益不仅取决于期权到期时的标的资产的价格,还取决于标的资产价格是否达到了特定的值,达到了特定的"障碍"。例如,下降敲出期权就是一种当股价降至一定水平就自动消失的障碍期权。同样下降出局期权只有在期权有效期内股价下降到特定值至少一次才会有收益。

障碍期权一般分为两类,即敲出期权和敲入期权。敲出期权是当标的资产价格达到一个特定障碍水平时,该期权作废。敲入期权是当只有标的资产价格达到一个特定障碍水平时,该期权才会生效。

敲出期权有四种:下降敲出看涨期权、上升敲出看涨期权、下降敲出看跌期权和上涨敲出看跌期权。下降敲出看涨期权,这是一种普通的看涨期权,当资产价格下跌到一定障碍水平时,期权自动消失;上升敲出看涨期权,这是一种普通的看涨期权,当资产价格上升到一定障碍水平时,期权自动消失;下降敲出看跌期权,这是一种普通的看跌期权,当资产价格下降到一定障碍水平时,期权自动消失;上涨敲出看跌期权,这是一种普通的看跌期权,当资产价格上涨到一定障碍水平时,期权自动消失。

同样的,敲入期权也有四种:下跌敲入看涨期权、上升敲入看涨期权、下降敲入看跌期权和上涨敲入看跌期权。下跌敲入看涨期权,这是一种普通的看涨期权,是当资产价格下跌到一定障碍水平时,期权才会存在;上升敲入看涨期权,这是一种普通的看涨期权,是当资产价格上升到一定障碍水平时,期权才会存在;下降敲入看跌期权,这是一种普通的看跌期权,是当资产价格下跌到一定障碍水平时,期权才会存在;上涨敲入看跌期权,这是一种普通的看跌期权,是当资产价格上涨到一定障碍水平时,期权才会存在。

2.4.3 回望期权

回望期权(look back option)的执行价格依赖于整个回望期内的原生资产的价格,它的收益取决于期权有效期内标的资产所达到的最大或最小价格。例如,回望期权的收益等于期权有效期内股价最高值减去执行价格,而不是收盘价减去执行价格。这种期权实际上是种完美的市场计时器。

回望期权有浮动回望期权和固定回望期权。浮动回望看涨期权的收益等于最后的标的资产的价格超出有效期内标的资产的最低价格的差价；浮动回望看跌期权的收益等于期权有效期内标的资产的最高价格高于最后标的资产的价格的差价。固定的回望期权，其执行价格是固定的。固定回望看涨期权的收益类似于普通看涨期权，只是最后的资产价格被期权有效期内的资产价格的最大值代替；固定回望看跌期权的收益类似于普通的看跌期权，只是最后的资产价格被期权有效期内的资产价格的最小值代替。

2.4.4 两值期权

两值期权(binary option)是具有不连续收益的期权。常见的两值期权有现金或无价值看涨期权和资产或无价值看涨期权。前者是在到期日标的资产价格低于执行价格时该期权一文不值，而当标的资产的价格超过执行价格时该期权支付一个固定数额 Q，在风险中性世界中，期权到期时标的资产的价格超过执行价格的概率为 $N(d_2)$，那么现金或无价值看涨期权的价值就是 $Qe^{-rT}N(d_2)$。后者是标的资产价格在期权到期时低于执行价格，则期权一文不值，而当标的资产价格在期权到期时超过执行价格，则支付等于标的资产价格本身的数额。

2.4.5 复合期权

复合期权(compound option)是基于期权的期权。复合期权主要有四种基本类型：基于某个看涨期权的看涨期权、基于某个看涨期权的看跌期权、基于某个看跌期权的看涨期权，基于某个看跌期权的看跌期权。

复合期权有两个执行价格和两个到期日。例如，考虑基于某个看涨期权的看涨期权情形，在第一个执行日 T_1，复合期权的持有人必须付清第一笔执行价格 X_1，并获得某个看涨期权。该看涨期权给予持有人以第二个执行价格 X_2 在第二个执行日 T_2 购进标的资产的权利。只有当第二个到期日的期权价值大于第一个执行价格时，复合期权可在第一个执行日行使期权。

2.4.6 再装期权

再装期权(reload option)是一个变异的欧式看涨期权。它允许期权的持有者在到期日之前的特定日期执行欧式看涨期权且保证执行期权时，期权处于实值状态，然后获得一个数量为被执行期权的执行价格与执行日期标的资产价格的比、到期日不变、执行价格为执行日标的资产价格的新式的欧式看涨期权。

再装期权的明显特征是，允许其持有者锁定再装日的利润，消除了在到期日可能只获得较低收入的风险，对一些特定公司来说是一种较好的激励方案。因此，再装期权同标准的欧式看涨期权一样，可以作为对公司高级管理人员和专业技术人员的股票期权的激励方案。

2.4.7 重置期权

重置期权(reset option)是一种新型的期权，简单地说，就是执行价格可以调整的期权。对于看涨期权，在一段特定的时间内，若标的资产价格下跌至某一水平，期权的执行价格可以重新设置为较低的价格，具有下挡风险的保证；对于看跌期权，在一段特定的时间内，若标的资产价格上涨至某一水平，期权的执行价格可以重新设置为较高的价格，具有上挡风险的保证。

重置期权是一种新型的期权，它和一般标准期权的最大区别是在某些不利于期权持有者的情况下，持有者有权利而不是义务，在事先约定的重置时间，将原定的执行价格重新设置为当时标的资产的价格。重置期权的出现，有助于期权市场的活跃，一般而言，期权在平价交易时最为活跃，而在极度价外，流动性又十分低，交易冷清。但若有重置约定，则有助于期权流动性的提升。由于重置期权比一般的期权多了一条有利于持有者的条件，理论上重置期权的价值要高于相同条件但无附设重置合约的期权。

2.4.8 上限型买权

上限型买权(capped calls option)规定了期权购买方可以获得的收益上限，有利于保护期权出售方的利益。即上限型期权是当原风险资产价格达到合约规定的上限 $K_1(K_1>K)$ 时，发行人有权按价格 K_1-K 回购，其中 K 为执行价格，K_1 为收益上限。这个规定的设置就是保证期权出售方能控制由于卖出看涨期权所面临的风险，因此到期日 T 时的现金流为

$$V(S_T,T)=\begin{cases}0, S_T\leqslant K\\ S_T-K, K<S_T<K_1\\ K_1-K, S_T\geqslant K_1\end{cases}$$

其中 $K<K_1$ 且为已知。

2.4.9　欧式双向期权

欧式双向期权(bi-direction European option)是一种改变标准收益结构的奇异期权。它的收益可以分解为具有相同执行日期和相同执行价格的同一种标的资产的一个看涨期权的收益与一个看跌期权的收益之和。

若用 $\{S(t), 0 \leqslant t \leqslant T\}$ 表示标的资产的价格运动过程，即在时刻 t 标的资产价格为 $S(t)$，设约定的执行价格为 K，那么在时刻 T 欧式双向期权的收益为：

$$|S(T)-K| = (S(T)-K)^{+} + (K-S(T))^{+}$$

2.4.10　任选期权

任选期权(choosey option)是一种新型期权，又称选择期权，是一种期权持有者有权在未来确定的日期(该日期称为选择日)选择该期权是看涨期权还是看跌期权的未定权益。它能有效降低投资者的成本，防范风险。

按期权的执行时间划分，任选期权可以分为欧式任选期权和美式任选期权；按看涨、看跌期权是否有相同的执行价格或相同的到期日划分，任选期权分为简单任选期权和复杂任选期权。当任选期权标的资产的看涨期权和看跌期权具有相同的执行价格和到期日时，这个未定权益就是一个简单任选期权。当任选期权标的资产的看涨期权和看跌期权具有不同的执行价格或不同的到期日时，这个未定权益就是一个复杂任选期权。

如果在选择日标的资产价格比较低，那么期权持有者将其权益交换为看跌期权，否则，期权持有者就会交换为看涨期权。因此，任选期权在选择日的收益由标准看涨期权和看跌期权的收益较大者来确定。

2.4.11　滞后付款期权

滞后付款期权(delay payment option)是规定了期权持有人执行期权时在到期日支付一定的溢酬，它提供了某种防止价格单方向剧烈变动的保险。因此，期权在到期日 T 时的欧式看涨期权的收益为

$$V(S_T, T) = \max\{S_T - K - C_T, 0\}$$

其中 C_T 是期权到期日支付的期权溢酬。这样，当 $S_T > K$ 时，期权要付出 $S_T - K - C_T$，否则其收益为零。

2.5 影响期权价格的因素

一般来说,影响期权价格的因素有标的资产的价格(asset price)、执行价格(exercise price)、到期期限(exercise time)、标的资产的价格波动率(volatility)、无风险利率(risk-free interest rate)和红利(dividend)。这些因素对不同种类的期权有不同的影响 。

2.5.1 标的资产价格和执行价格

如果看涨期权在将来某一时间执行,则其收益为股票价格与执行价格的差额。随着股票价格的上升,看涨期权的价值也就越大;随着执行价格的上升,看涨期权的价值就越小。对于看跌期权来说,其收益为执行价格与股票价格的差额。当股票价格上升时,看跌期权的价值就下降;当执行价格上升时,看跌期权的价值就上升。因此,看涨期权和看跌期权的行为刚好相反。

2.5.2 到期期限

当期权的有效期限增加时,美式看涨期权和看跌期权的价值都会增加。我们考虑其他条件相同到期日不同两个期权,对于美式期权,有效期长的期权其执行的机会包含了有效期短的期权的所有执行机会,并且它的获利机会会更多。因此,有效期长的期权的价值总是大于或等于有效期短的期权价值。

对于欧式期权,随着有效期的增加,其看涨期权和看跌期权的价值不一定必然增加。欧式期权只能在其到期日执行,有效期长的期权其执行的机会不一定包含有效期短的期权的所有执行机会。例如,同一股票的两个欧式看涨期权。一个到期期限为1个月,另一个到期期限为2个月,假定,预计在六周后将支付大量的红利,红利会使股票价格下降。这就有可能使有效期短的期权的价值超过有效期长的期权的价值。

2.5.3 标的资产价格波动率

股票价格的波动率是用来衡量未来股票价格变动的不确定性。随着波动率的增加,股票上升很高或下降很低的机会也会随着增加。对于股票的持有者来说,这两种变动趋势将互相抵消。但是对于看涨期权或看跌期权的持有者来说,则不是这样。看涨期权的持有者从股价上升中获利，但当股价下跌时，由于他的最大损失就是期权费，所以他仅有有限的损失。一样的道理，看跌期权的持有者从股价下跌中获利，但当股价上升时，也是仅有有限的损失费。因此，随着波动率的增加，看涨期权和看跌期权的价值都会增加。

2.5.4　无风险利率

无风险利率对期权价格的影响不是那么直接。当整个经济中的利率增加时，股票价格的预期增加率也倾向于增加，然而，期权持有者收到的未来现金流的现值将减少。这两种影响都将减少看跌期权的价值。因此，随着无风险利率的增加，看跌期权的价格将减少。对于看涨期权来说，前者将增加看涨期权的价格，后者将倾向于减少看涨期权的价格。可以证明，对于看涨期权来说，前者的影响将起主导作用，即随着无风险利率的增加，看涨期权的价格随之增加。

2.5.5　红利

在除息日后，红利将减少股票的价格。对于看涨期权的价值来说这是一个坏消息，但对于看跌期权来说是好消息。所以，看涨期权的价值与预期红利的大小成反向变动，而看跌期权的价值与预期红利的大小成正向变动。

需要注意的是，所有这些结果都是建立在其他变量保持不变的基础上(表 2.1)。尤其是利率变化与股票价格相应的变化，但若考虑利率变化和随之而来的股价变化的净效益，则可能会得出与上面相反的结论。

表 2.1　一个变量增加而其他变量保持不变时对股票价格的影响

变量	欧式 看涨期权	欧式 看跌期权	美式 看涨期权	美式 看跌期权
股票价格	+	−	+	−
执行价格	−	+	−	+
到期期限	?	?	+	+
波动率	+	+	+	+
无风险利率	+	−	+	−
红利	−	+	−	+

2.6 期权的交易方式

期权的交易方式有 3 种:对冲交易、执行合约、自动放弃。

对冲交易指的是,大部分的买方和卖方在期权到期时或者到期前选择对冲的方式来结清期权头寸,随着到期日的到来,期权的买卖双方会准确判断市场的价格与期权的价值,进而决定是否做出想法的决策。期权的买方是否冲销原有的头寸实际上是看冲销期权是否比执行期权更划算,而不是看期权的内在价值是否可能大于零。实际上,期权本身在市场上的价格总是高于其内在价值,这使得期权多头持有人冲销期权比执行期权更划算。

执行合约指的是,以期权合约中规定的履行价格来买进或卖出期权合约中所包含的股票,是否执行期权是期权多头持有人的自由,而对应的空头持有人只有被动履行的义务。一般情况下,只有当期权具有真正的内在价值时,买方才会执行期权。所以,执行合约时,期权将有负的内在价值,也就是会有损失,但并不意味着期权的卖方一定亏本,这是因为卖出期权时所收的期权费可能会大于执行合约时负的内在价值。

自动放弃指的是,当卖方期权到期时,如果市场价格低于约定价格,期权会被自动放弃;同样当期权到期时,如果市场价格高于约定价格,期权也会被自动放弃。

2.7 期权的头寸及损益

有四种基本的期权头寸:看涨期权的多头、看跌期权的多头、看涨期权的空头和看跌期权的空头。我们经常用到期日期权损益状态来描绘期权投资者的头寸情况。若 X 表示执行价格,S_t 表示标的资产到期日的价格,则有

看涨期权的多头损益为:$\max\{S_t - X, 0\}$。这就表明,若 $S_t > X$,就会执行期权;反之,若 $S_t \leqslant X$,就不会执行期权。

看涨期权的空头损益为:$-\max\{S_t - X, 0\}$,即 $\min\{X - S_t, 0\}$。

看跌期权的多头损益为:$\max\{X - S_t, 0\}$。

看跌期权的空头损益为:$-\max\{X - S_t, 0\}$,即 $\min\{S_t - X, 0\}$。

图 2.1 为这些期权头寸的损益状态图。

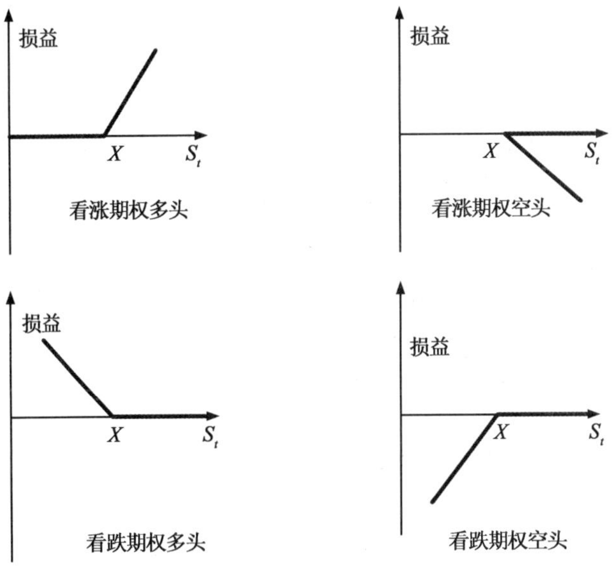

图 2.1　欧式期权各种头寸的损益状态图

2.8　股票期权的发展

股票期权(stock option)是出现最早的期权,有近 100 年的历史。但是,由于期权交易的局限性,股票期权交易只有在场外交易市场进行,这使得股票期权信用风险增大、缺乏流动性,严重阻碍了股票期权交易的进一步发展。

股票期权于 1973 年首次在有组织的芝加哥交易所内进行交易,同年,布莱克和斯科尔斯发表了一篇关于期权定价的开创性论文,即 B-S 模型下的期权定价,之后,莫顿对其论文进一步推广和完善。随着 B-S 模型下的期权定价方程被编成计算机程序,交易者只要键入标的资产价格、执行价格、利率、标的资产价格的波动率、期权到期日等与期权价值有关的变量,就能得到期权的理论价值。从此,股票期权市场发展十分迅速。

美国场内交易的股票期权的成功和快速发展,使得其他一些国家开始效仿美国,成立专门的期权交易场所,推出一些相应的股票期权合约。在中国香港地区的期货交易所的股票期权交易发展也十分迅速。

第3章　B-S期权定价模型

期权有一定的价值，国内外的很多金融经济学家一直在对期权定价进行深入的研究，希望寻找一种实用的期权定价模型。在1973年，Black、Scholes和Merton这三位金融人士给出了Black-Scholes期权定价模型，简称为B-S模型。该模型一出现，便被广泛研究和应用于期权的定价，使得期权定价领域有了重大的突破。

B-S模型是在一系列假设条件下成立的，存在诸多弊端。但由于该模型容易理解，输入变量简单，能在一定程度上保证输入数据的精确性，因此B-S模型胜过其他许多期权价值评估模型，是包括股权价值评估等各种需要用到期权定价的应用中首选的期权定价模型。

3.1　B-S期权定价模型的假设条件

Black和Scholes认为，投资者可以通过购入股票的同时售出股票的看涨期权，形成一个无风险的套期投资组合。该无风险的套期投资组合，应用动态的交易策略不时地变化组合中的股票和期权的比例关系，无风险性就可以保持到期权的到期日。在无套利机会的市场环境中，无风险的投资组合必然能赚取无风险的利息。B-S模型就是在这样一个简单而动态的投资套期组合的基础上，将看涨期权的价格表示为五个可观察变量的函数，即股票价格、期权执行价格、期权到期日、标的资产价格的波动率和无风险利率。

3.1.1　市场无摩擦

在B-S模型中，假设市场是无摩擦的。也就是市场无佣金等交易成本、无税收、标的资产可无限细分、可自由买卖。实际上，这是一种理想状态，只要真正存在标的资产的交易市场，税收、佣金不可能为零，标的资产有一定的单位，也不可能无限细分。

B-S模型是一个用来计算期权价格的理论模型，从业人员可以根据该理论价格再结合市场情况调整得到适合自身情况的价格，或者考虑市场的摩擦因数对模型进行改进，但改进的模型定会复杂不实用。因此，假设市场交易无摩擦，在计算期权价值中是合理的，可以接受的。

3.1.2　无风险利率是固定常数

在 B-S 模型中，无风险利率是针对期权持续期间的利率，并且在期权的持续期间是固定的常数，不受时间变化的影响。

提到无风险利率，一般认为是政府债券的利率。因此，在政府债券利率稳定的情况下，可选取与公司债务的加权平均利率最接近的一档国债利率作为 B-S 模型中的无风险利率。如果预计未来国债利率有可能会调整，则要对所选取的利率作相应的调整。

3.1.3　标的资产价格波动率是固定常数

在 B-S 模型中，假设标的资产价格波动率在期权有效期内是固定不变的常数。从经济学意义上解释，波动率产生的原因主要有三个方面：首先是因为宏观经济因素对某个产业部门的影响，也就是所谓的系统风险；其次是某个特定的事件对某些企业的冲击，也即所谓的非系统风险；再次是投资者的心理状态或者是预期的变化对标的资产价格产生的影响。

3.1.4　标的资产价格服从对数正态分布

描述期权的标的资产价格运动有三种随机过程：几何布朗运动、泊松跳跃过程、均值回归过程。B-S 模型假设标的资产价格服从几何布朗运动，即

$$\frac{\mathrm{d}S}{S} = \mu\mathrm{d}t + \sigma\mathrm{d}W$$

其中 $\frac{\mathrm{d}S}{S}$ 表示标的资产的瞬时收益率，S 为标的资产的价格，μ 为期望回报率，σ 为波动率，$\mathrm{d}W$ 为标准布朗运动。其含义是资产价格在零到正无穷之间作连续的随机游走，而服从几何布朗运动的标的资产价格从特定的某时间点来看服从对数正态分布。

3.1.5　市场是可交易且连续的

B-S 模型中，最重要的一个假设是可以在有效率的市场上自由买卖标的资产，

市场是连续的。对于股票期权而言，确实存在着金融资产的交易市场，并且该市场的定价一般认为是有效的。但从股票市场的微观结构来看，市场上确实存在着一些影响交易的规章制度。例如，几乎每个交易所都有涨停板、跌停板制度，在价格停板的位置，交易者显然不可能自由买卖。但是从长期来看，停板出现的概率很小，所以这些制度对市场的自由交易没有太大的负面影响。

3.1.6 标的资产价格无漏损

主要是针对股票期权而言的。如红利，对于股票期权，红利的支付将增加看跌期权的内在价值、减少看涨期权的内在价值。

3.2 期权定价理论知识

定义 3.1 设 $S(x)$ 表示某未来时刻 x 的标的资产的价格，现在时刻为 0，称 $S(x)(0 \leqslant x < \infty)$ 为价格族，且服从期望回报率为 μ、波动率为 σ 的几何布朗运动。如果对于任意的非负实数 x、m，随机变量 $\dfrac{S(x+m)}{S(x)}$ 独立于时刻 x 及此前的所有价格，且是均值为 μm、方差为 $\sigma^2 m$ 的正态随机变量。

定义 3.2 设 $0 < H < 1$，Hurst 参数为 H 的分数布朗运动是一个连续的 Gaussian 过程 $\{B_{\mathrm{H}}(t), t \in R\}$，$B_{\mathrm{H}}(0) = 0$ 且 $E(B_{\mathrm{H}}(t)) = 0$，协方差 $C_{\mathrm{H}}(t,s) = \frac{1}{2}(|t|^{2H} + |t|^{2H} - |t-s|^{2H})$。当 $H = \frac{1}{2}$ 时，$B_{\mathrm{H}}(t)$ 即为标准的布朗运动 $B(t)$。

定义 3.3 如果标的资产价格 $S(t)$ 满足：$\mathrm{d}S_t = \mu S(t)\mathrm{d}t + \sigma S(t)\mathrm{d}B_{\mathrm{H}}(t)$，则称 $S(t)$ 服从几何分数布朗运动，且若 μ、σ 为常数，则有 $S(t) = S(0)\mathrm{e}^{\left(\sigma B_{\mathrm{H}}(t) + \mu t - \frac{1}{2}\sigma^2 t^{2H}\right)}$，并称此时的市场为 Ito 型分数 Black-Scholes 市场。

定义 3.4 对给定的衍生证券 f，在相反方向交易 Δ 份额的原生资产 S，使得构成的投资组合 Π：$\Pi = f - \Delta S$ 是无风险的，这称为 Δ—对冲。

定义 3.5 在由风险资产 S 和无风险资产 B 组成的市场中，如果存在一个投资组合 $\phi = \alpha S + \beta B$（其中 α，β 为常数）使得当 $t = T$ 时，投资组合 ϕ 的值与期权 V 的值相同，即 $\alpha S_T + \beta B = V_T$，那么称 ϕ 为期权 V 的复制。

定理 3.1 设 $C = C(S,t)$，C 是二元可微函数，若随机过程 S 适合随机微分方程 $\mathrm{d}S = \mu \mathrm{d}t + \sigma(S,t)\mathrm{d}W$，则

$$
\begin{aligned}
\mathrm{d}C &= \left(\frac{\partial C}{\partial t}+\frac{1}{2}\sigma^{2}(S,t)\frac{\partial^{2}C}{\partial S^{2}}\right)\mathrm{d}t+\frac{\partial C}{\partial S}\mathrm{d}S \\
&= \frac{\partial C}{\partial t}\mathrm{d}t+\mu(S,t)\frac{\partial C}{\partial S}+\frac{1}{2}\sigma^{2}(S,t)\frac{\partial^{2}C}{\partial S^{2}}\mathrm{d}t+\sigma(S,t)\frac{\partial C}{\partial S}\mathrm{d}W
\end{aligned}
$$

定理 3.2　期权价值 C 可以表示为股票价格 S 与时间 t 的函数，即 $C=C(S,t)$，且 $C=C(S,t)$ 是 Ito 过程，即满足 Ito 定理。

3.3　B-S 期权定价模型

3.3.1　B-S 微分方程的基本概念

B-S 微分方程是基于不支付红利的股票的任意一种衍生证券的价格 f 必须满足的方程，即

$$
\frac{\partial f}{\partial t}+rS\frac{\partial f}{\partial S}+\frac{1}{2}\sigma^{2}S^{2}\frac{\partial^{2}f}{\partial S^{2}}=rf
$$

我们现在开始推导 B-S 微分方程。

假设标的资产价格 S 服从随机过程：

$$
\mathrm{d}S=S\mu\,\mathrm{d}t+\sigma S\,\mathrm{d}W
$$

假设 f 是基于某个看涨期权或其他衍生证券的价格。变量 f 必定是 S 与时间 t 的某一个函数，则由定理 2 可得

$$
\mathrm{d}f=\left(\frac{\partial f}{\partial t}+\frac{1}{2}\sigma^{2}S^{2}\frac{\partial^{2}f}{\partial S^{2}}+\frac{\partial f}{\partial S}\mu S\right)\mathrm{d}t+\sigma S\frac{\partial f}{\partial S}\mathrm{d}W \tag{3.1}
$$

为了表示一次投资，需再引入一个函数，涉及的总资产值为 $C=n_{S}S+n_{f}f$，其中，n_{S} 表示投资中购进或售出的标的资产的数量；n_{f} 表示投资中购进或售出的期权的数量。

取 t 为一个足够小的时间间隔，那么总资产 C 的资产变化将只来自由于标的资产和期权价格的变动而出现的相应变动，即

$$
\mathrm{d}C=n_{S}\mathrm{d}S+n_{f}\mathrm{d}f \tag{3.2}
$$

联立(3.1)、(3.2)可以得到

$$\mathrm{d}C = n_S \mathrm{d}S + n_f \frac{\partial f}{\partial t}\mathrm{d}t + \frac{1}{2}\sigma^2 S^2 \frac{\partial^2 f}{\partial S^2}\mathrm{d}t + \frac{\partial f}{\partial S}\mathrm{d}S \tag{3.3}$$

因为对于给定的函数 C，如果要使投资的总资产回报符合与标的资产的价格变动无关的事实，那么将期权与标的证券组合后的结果 $C = n_S S + n_f f$ 的两端同时对 S 求偏导数，应有微分方程 $\frac{\partial C}{\partial S} = 0$ 成立，即

$$\frac{\partial C}{\partial S} = n_S \frac{\partial S}{\partial S} + n_f \frac{\partial f}{\partial S} = 0$$

$$n_S + n_f \frac{\partial f}{\partial S} = 0$$

此时，对于看涨期权可以取特殊值：

$$n_f = -1, n_S = \frac{\partial f}{\partial S}$$

它表示的含义是当购进 $\frac{\partial f}{\partial S}$ 单位数量的标的资产时，再同时售出 1 单位的期权，实现标的资产与期权的对冲，而 $\frac{\partial f}{\partial S}:1$ 的比例大小就是二者的对冲比例，这样的投资组合可以确保获得无风险利润，将此时 n_f 和 n_S 的值代入函数式 $C = n_S S + n_f f$ 中，可以得到

$$C = \frac{\partial f}{\partial S}S - f \tag{3.4}$$

将其代入(3.3)式，得

$$\mathrm{d}C = -\left(\frac{\partial f}{\partial t} + \frac{1}{2}\sigma^2 S^2 \frac{\partial^2 f}{\partial S^2}\right)\mathrm{d}t \tag{3.5}$$

因为当取 $n_f = -1, n_S = \frac{\partial f}{\partial S}$ 时，此时的投资组合从理论上是无风险的，则投资组合 C 获得的资产收益率应等于既定的无风险利率，即

$$\mathrm{d}C = -rC\mathrm{d}t \tag{3.6}$$

最后将(3.4)、(3.5)代入(3.6)，整理化简可得到 B-S 微分方程

$$\frac{\partial f}{\partial t} + rS\frac{\partial f}{\partial S} + \frac{1}{2}\sigma^2 S^2 \frac{\partial^2 f}{\partial S^2} = rf$$

对于 B-S 微分方程，对应于可用标的变量 S 定义的所有衍生证券，方程有许多

解。解方程时得到的特定的衍生证券取决于使用的边界条件,这些边界条件确定了在 S 和 t 的可能取值的边界上衍生证券的价值。对于欧式看涨期权的情况,关键的边界条件为

$$f=\max\{S-X,0\} \qquad \text{当 } T=t \text{ 时}$$

而对于欧式看跌期权的情况,关键的边界条件为

$$f=\max\{X-S,0\} \qquad \text{当 } T=t \text{ 时}$$

在 B-S 微分方程的推导过程中,需要强调的一点是:投资组合 C 并不是永远无风险的。只是对于无限短时间间隔内,它才是无风险的。当 S 和 t 变化时,$\frac{\partial f}{\partial S}$ 也会变化。为保证证券投资组合无风险,有必要连续调整投资组合中衍生证券与标的资产的相对比例。

3.3.2 B-S 期权定价模型

Black 和 Scholes 在 1973 年成功地求解了他们的微分方程,得到了欧式看涨期权和看跌期权的精确公式,即

$$C=SN(d_1)-Xe^{-r(T-t)}N(d_2)$$
$$P=Xe^{-r(T-t)}N(-d_2)-SN(-d_1)$$

其中 C 表示欧式看涨期权的价格;P 表示欧式看跌期权的价格;S 表示标的资产在时刻 t 的价格;X 为期权合约的执行价格;r 为短期内的无风险利率;$N(x)$ 为均值是 0,标准差为 1 的标准正态分布变量的累积概率分布函数,即

$$N(x)=\frac{1}{\sqrt{2\pi}}\int_{-\infty}^{x}e^{\frac{t^2}{2}}\mathrm{d}t$$

而

$$d_1=\frac{\log\left(\frac{S}{X}\right)+\left(r+\frac{\sigma^2}{2}\right)(T-t)}{\sigma\sqrt{T-t}}$$

$$d_2=\frac{\log\left(\frac{S}{X}\right)+\left(r-\frac{\sigma^2}{2}\right)(T-t)}{\sigma\sqrt{T-t}}=d_1-\sigma\sqrt{T-t}$$

$N(d_2)$ 表示在风险中性世界期权执行的概率,所以 $XN(d_2)$ 是执行价格乘以支付执行价格的概率。$SN(d_1)e^{-r(T-t)}$ 是如下变量的期望值:即在风险中性世界

中，当 $S_T > X$ 时，该变量的值等于 S，其他情况下该变量都为零。这解释了 Black-Scholes 定价公式中的各项含义，并说明它与风险中性估值一致。

3.4 B-S 期权定价模型因素定性分析

利用上节得到的 Black-Scholes 定价公式，即

$$C = SN(d_1) - Xe^{-r(T-t)}N(d_2)$$
$$P = Xe^{-r(T-t)}N(-d_2) - SN(-d_1)$$

从公式可以看到，对期权进行定价时，因素 S、X、r、t、T、σ 均会对价格产生影响。为了简便，我们研究这些因素中当只有一个因素变化而其他因素不变时相应的期权价格的变化。对于两个或两个以上因素发生变化，当这两个或多个因素对期权价格的影响是同一方向时，则可以直接得到结果。

为了研究某一单因素变化而其他因素不变时的期权价格的变化，我们对期权定价公式求偏导数，利用偏导数的符号来分析，得到各因素对期权价格的影响。在分析之前，先证明等式

$$SN(d_1) = Xe^{-r(T-t)}N(d_2)$$

证明

$$Xe^{-r(T-t)}N(d_2) = Xe^{-r(T-t)}\frac{e^{-\frac{d_2^2}{2}}}{\sqrt{2\pi}}$$

$$= Xe^{-r(T-t)}\frac{e^{-\frac{(d_1-\sigma\sqrt{T-t})^2}{2}}}{\sqrt{2\pi}}$$

$$= Xe^{-r(T-t)}\frac{e^{-\frac{d_1^2}{2}}}{\sqrt{2\pi}}e^{-\frac{\sigma^2(T-t)}{2}}e^{\frac{d_1\sigma\sqrt{T-t}}{2}}$$

$$= Xe^{-r(T-t)}N(d_1)e^{-\frac{\sigma^2(T-t)}{2}}e^{\frac{d_1\sigma\sqrt{T-t}}{2}}$$

$$= Xe^{-r(T-t)}N(d_1)e^{-\frac{\sigma^2(T-t)}{2}}e^{\frac{\log\frac{S}{X}+\left(r+\frac{\sigma^2}{2}\right)(T-t)}{\sigma\sqrt{T-t}}\sigma\sqrt{T-t}}$$

$$= Xe^{-r(T-t)}N(d_1)e^{-\frac{\sigma^2(T-t)}{2}}\frac{S}{X}e^{\left(r+\frac{\sigma^2}{2}\right)(T-t)}$$

$$= SN(d_1)$$

3.4.1 标的资产价格 S 和执行价格 X 对期权价格的影响

在 $C=SN(d_1)-Xe^{-r(T-t)}N(d_2)$ 两边对 S 求偏导数：

$$\frac{\partial C}{\partial S}=N(d_1)+SN(d_1)\frac{\partial d_1}{\partial S}-Xe^{-r(T-t)}N(d_2)\frac{\partial d_2}{\partial S}$$

因为

$$\frac{\partial d_2}{\partial S}=\frac{\partial(d_1-\sigma\sqrt{T-t})}{\partial S}=\frac{\partial d_1}{\partial S}$$

所以

$$\begin{aligned}\frac{\partial C}{\partial S}&=N(d_1)+SN(d_1)\frac{\partial d_1}{\partial S}-Xe^{-r(T-t)}N(d_2)\frac{\partial d_2}{\partial S}\\&=N(d_1)+\frac{\partial d_1}{\partial S}(SN(d_1)-Xe^{-r(T-t)}N(d_2))\\&=N(d_1)>0\end{aligned}$$

由 $C+Xe^{-r(T-t)}=P+S$，得 $\frac{\partial P}{\partial S}=\frac{\partial(C+Xe^{-r(T-t)}-S)}{\partial S}=N(d_1)-1<0$

在 $P=Xe^{-r(T-t)}N(-d_2)-SN(-d_1)$ 两边对 X 求偏导数：

$$\frac{\partial C}{\partial X}=\frac{\partial(SN(d_1)-Xe^{-r(T-t)}N(d_2))}{\partial X}$$

因为 $\frac{\partial d_2}{\partial X}=\frac{\partial(d_1-\sigma\sqrt{T-t})}{\partial X}=\frac{\partial d_1}{\partial X}$

所以

$$\begin{aligned}\frac{\partial C}{\partial X}&=\frac{\partial(SN(d_1)-Xe^{-r(T-t)}N(d_2))}{\partial X}\\&=\frac{\partial d_1}{\partial X}(SN(d_1)-Xe^{-r(T-t)}N(d_2))-e^{-r(T-t)}N(d_2)\\&=e^{-r(T-t)}N(d_2)<0\end{aligned}$$

得

$$\begin{aligned}\frac{\partial P}{\partial X}&=\frac{\partial(C+Xe^{-r(T-t)}-S)}{\partial X}\\&=\frac{\partial C}{\partial X}+\frac{\partial(Xe^{-r(T-t)})}{\partial X}\\&=-e^{-r(T-t)}N(d_2)+e^{-r(T-t)}\\&=e^{-r(T-t)}(1-N(d_2))>0\end{aligned}$$

因此,我们可以得到:在时刻 t,欧式看涨期权的价格随着标的资产 S 的价格增涨而增涨,而看跌期权的价格随着 S 的增涨而降低;对于不同的执行价格 X,欧式看涨期权的价格随着 X 增涨而降低,而看跌期权的价格随 X 的增涨而增涨。

3.4.2 波动率 σ 对期权价格的影响

在欧式看涨期权 $C=SN(d_1)-Xe^{-r(T-t)}N(d_2)$ 两边对 σ 求偏导数得

$$\begin{aligned}\frac{\partial C}{\partial \sigma}&=SN(d_1)\frac{\partial d_1}{\partial \sigma}-Xe^{-r(T-t)}N(d_2)\frac{\partial d_2}{\partial \sigma}\\&=SN(d_1)\frac{\partial d_1}{\partial \sigma}-Xe^{-r(T-t)}N(d_2)\left(\frac{\partial d_1}{\partial \sigma}-\frac{\partial(\sigma\sqrt{T-t})}{\partial \sigma}\right)\\&=\frac{\partial d_1}{\partial \sigma}(SN(d_1)-Xe^{-r(T-t)}N(d_2))+Xe^{-r(T-t)}\sqrt{T-t}N(d_2)\\&=Xe^{-r(T-t)}\sqrt{T-t}N(d_2)>0\end{aligned}$$

$$\frac{\partial P}{\partial \sigma}=\frac{\partial(C+Xe^{-r(T-t)}-S)}{\partial \sigma}=\frac{\partial C}{\partial \sigma}>0$$

由上面的结论可以得到:不管是看涨期权还是看跌期权,它们对 σ 的偏导数都是正的,因此,标的资产的波动率越大,则期权价格就越高。

3.4.3 无风险利率 r 对期权价格的影响

在欧式看涨期权 $C=SN(d_1)-Xe^{-r(T-t)}N(d_2)$ 两边对 r 求偏导数:

$$\begin{aligned}\frac{\partial C}{\partial r}&=\frac{\partial(SN(d_1)-Xe^{-r(T-t)}N(d_2))}{\partial r}\\&=SN(d_1)\frac{\partial d_1}{\partial r}-X\left(-(T-t)e^{-r(T-t)}N(d_2)+e^{-r(T-t)}N(d_2)\frac{\partial d_2}{\partial r}\right)\\&=\frac{\partial d_1}{\partial r}(SN(d_1)-e^{-r(T-t)}N(d_2))+X(T-t)e^{-r(T-t)}N(d_2)\\&=X(T-t)e^{-r(T-t)}N(d_2)>0\end{aligned}$$

而 $$\begin{aligned}\frac{\partial P}{\partial r}&=\frac{\partial(C+Xe^{-r(T-t)}-S)}{\partial r}\\&=\frac{\partial C}{\partial r}+\frac{\partial(Xe^{-r(T-t)})}{\partial r}\\&=X(T-t)e^{-r(T-t)}N(d_2)-X(T-t)e^{-r(T-t)}\\&=X(T-t)e^{-r(T-t)}(N(d_2)-1)<0\end{aligned}$$

从上面结论可以看出：看涨期权的价格随无风险利率的上升而增涨；看跌期权的价格随无风险利率的上升而下降。

3.4.4　执行日 t 对期权价格的影响

在欧式看涨期权 $C = SN(d_1) - Xe^{-r(T-t)}N(d_2)$ 两边对 t 求偏导数得：

$$\frac{\partial C}{\partial t} = SN(d_1)\frac{\partial d_1}{\partial t} - X\left(re^{-r(T-t)}N(d_2) + e^{-r(T-t)}N(d_2)\frac{\partial d_2}{\partial t}\right)$$

$$= SN(d_1)\frac{\partial d_1}{\partial t} - Xre^{-r(T-t)}N(d_2) -$$

$$Xe^{-r(T-t)}N(d_2)\left(\frac{\partial d_1}{\partial t} - \frac{\partial(\sigma\sqrt{T-t})}{\partial t}\right)$$

$$= \frac{\partial d_1}{\partial t}(SN(d_1) - Xe^{-r(T-t)}N(d_2)) - Xre^{-r(T-t)}N(d_2) +$$

$$Xe^{-r(T-t)}N(d_2)\frac{\partial(\sigma\sqrt{T-t})}{\partial t}$$

$$= -Xre^{-r(T-t)}N(d_2) - \frac{1}{2\sqrt{T-t}}Xe^{-r(T-t)}\sigma N(d_2)$$

$$= -Xre^{-r(T-t)}N(d_2) - \frac{1}{2\sqrt{T-t}}\sigma SN(d_1) < 0$$

$$\frac{\partial P}{\partial t} = \frac{\partial(C + Xe^{-r(T-t)} - S)}{\partial t} = \frac{\partial C}{\partial t} + Xre^{-r(T-t)}$$

$$= -Xre^{-r(T-t)}N(d_2) - \frac{1}{2\sqrt{T-t}}S\sigma N(d_1) + Xre^{-r(T-t)}$$

$$= Xre^{-r(T-t)}(1 - N(d_2)) - \frac{1}{2\sqrt{T-t}}S\sigma N(d_1)$$

显然，看涨期权的价格对 t 的偏导数始终为负，但看跌期权的价格对 t 的偏导数符号不确定，可能为正也可能为负。因此，看涨期权的价格随执行日期的到来价格会下降，而看跌期权没有明显的定性结果。

第 4 章　B-S 期权定价的扩展模型

因 B-S 模型是在一系列假设条件下成立的,这些假设条件不可避免地会与现实情况有一定的差异。很多金融人士也对这些差异开展了深入的研究和探索,对 B-S 模型做了无数次的修正和推广,得出了 B-S 模型的推广形式。如 1976 年 Black 推出的期货期权定价模型、1977 年 Roll 提出的支付红利的美式看涨期权的定价模型、1987 年 Hull 和 White 给出的随机波动率模型等。尽管这些推广模型更接近现实世界的实际情况,但是增加的变量使复杂的数学模型更加让人难以理解,模型中输入数据的准确性也更难以保证,并且这些推广模型也只是对 B-S 模型进行了局部的、不完美的修正。可以肯定的是,无论推广的模型有多接近现实,最终也无法完美地刻画现实,模型越接近现实,就会越复杂。当然,至今也还没有得到能够克服所有缺陷的推广模型。

4.1　支付红利的 B-S 期权定价模型

4.1.1　支付红利的 B-S 期权定价模型的建立

假设股票支付红利,且红利率为 $q(t)$,风险利率为 $r = r(t)$,股票价格遵循随机微分方程 $\mathrm{d}S = S\mu(t)\mathrm{d}t + \sigma(t)S\mathrm{d}W$,其他假设不变。可以得到定理:

定理 4.1　在考虑红利且红利率为 $q(t)$ 的情况下,任何一个衍生产品的价格 f 都满足偏微分方程

$$\frac{\partial f}{\partial t} + \frac{1}{2}\sigma^2(t)S^2\frac{\partial^2 f}{\partial S^2} + (r(t) - q(t))S\frac{\partial f}{\partial S} - r(t)f = 0 \tag{4.1}$$

证明　利用 Δ-对冲原理,我们可建立相应的期权定价的连续模型以及期权价格公示。对标的资产与衍生证券之间的一个投资组合 Π : $\Pi = f - \Delta S$,有:

$$\Pi_{t+\Delta t} - \Pi_t = r\Pi_t\mathrm{d}t$$

考虑到红利支付，因此 $\Pi_{t+\Delta t} = f_{t+\Delta t} - q_t \mathrm{d}t - \Delta S_{t+\mathrm{d}t}$，结合 Ito 引理，取 $\Delta = \dfrac{\partial f}{\partial S}$，可得

$$\left(\frac{\partial f}{\partial t} + \frac{1}{2}\sigma^2(t)S^2\frac{\partial^2 f}{\partial S^2}\right)\mathrm{d}t + (r(t) - q(t))S\frac{\partial f}{\partial S}\mathrm{d}t - r(t)f\mathrm{d}t = 0$$

消去 $\mathrm{d}t$，得衍生产品的价格 f 的偏微分方程

$$\frac{\partial f}{\partial t} + \frac{1}{2}\sigma^2(t)S^2\frac{\partial^2 f}{\partial S^2} + (r(t) - q(t))S\frac{\partial f}{\partial S} - r(t)f = 0$$

这就是在考虑了支付红利且红利率为 $q(t)$ 的情况下关于衍生产品价格的 B-S 偏微分方程，该方程的得出被认为是金融理论的一个重大突破。对于该偏微分方程，有许多解，但对于某一指定的期权价格来说，符合条件的则是满足期权到期时边界条件的那个解。

很显然，如果在 B-S 偏微分方程中，令 $q(t) = 0$，$r(t)$、$\sigma(t)$ 为常数 r、σ，则方程变为

$$\frac{\partial f}{\partial t} + \frac{1}{2}\sigma^2 S^2\frac{\partial^2 f}{\partial S^2} + rS\frac{\partial f}{\partial S} - rf = 0$$

这个方程就是不支付红利，且无风险利率和波动率都不变的理想情况下的 B-S 偏微分方程。

4.1.2　支付红利的 B-S 期权定价模型的求解

B-S 期权定价模型求解的一般思路是结合不同期权满足的边界条件求取。现以看涨期权为例，确定期权价格，即求解下面定解问题：

$$\begin{cases} \dfrac{\partial f}{\partial t} + \dfrac{1}{2}\sigma^2(t)S^2\dfrac{\partial^2 f}{\partial S^2} + (r(t) - q(t))S\dfrac{\partial f}{\partial S} - r(t)f = 0 \\ f\big|_{t=T} = (S - K)^+ \ (0 \leqslant S < +\infty) \end{cases} \tag{4.2}$$

做变量替换 $x = f\mathrm{e}^{\beta(t)}$，$y = S\mathrm{e}^{\alpha(t)}$，则有

$$\frac{\partial f}{\partial t} = \frac{\partial x}{\partial t}\mathrm{e}^{-\beta(t)} + y\frac{\partial x}{\partial y}\alpha'(t)\mathrm{e}^{-\beta(t)} - x\beta'(t)\mathrm{e}^{-\beta(t)}$$

$$S\frac{\partial f}{\partial S} = y\frac{\partial x}{\partial y}\mathrm{e}^{-\beta(t)},\ S^2\frac{\partial^2 f}{\partial S^2} = y^2\frac{\partial^2 x}{\partial y^2}\mathrm{e}^{-\beta(t)}$$

将上面两式代入偏微分方程(4.1)中得

$$\frac{\partial x}{\partial t}+\frac{1}{2}\sigma^2(t)y^2\frac{\partial^2 x}{\partial y^2}+((r(t)-q(t))+\alpha'(t))y\frac{\partial x}{\partial y}-(r(t)+\beta'(t))x=0$$

取 $\alpha(t)$、$\beta(t)$ 为下面常微分方程初值问题的解：

$$\begin{cases}\dfrac{\mathrm{d}\alpha}{\mathrm{d}t}+r(t)-q(t)=0\\ \dfrac{\mathrm{d}\beta}{\mathrm{d}t}+r(t)=0\\ \alpha(T)=\beta(T)=0\end{cases}$$

即为：$\alpha(t)=\int_t^T(r(z)-q(z))\mathrm{d}z$，$\beta(t)=\int_t^T r(z)\mathrm{d}z$

因此，在变量替换 $x=f\mathrm{e}^{\beta(t)}$，$y=S\mathrm{e}^{\alpha(t)}$ 下，定解问题(4.2)变为

$$\begin{cases}\dfrac{\partial x}{\partial t}+\dfrac{1}{2}\sigma^2(t)y^2\dfrac{\partial^2 x}{\partial y^2}=0\\ x\big|_{t=T}=f\mathrm{e}^{\beta(t)}\big|_{t=T}=(y-K)^+\end{cases}$$

取 $z=\int_0^t\sigma^2(\omega)\mathrm{d}\omega$。

至此，定解问题就变为

$$\begin{cases}\dfrac{\mathrm{d}x}{\mathrm{d}z}+\dfrac{1}{2}y^2\dfrac{\partial^2 x}{\partial y^2}=0\\ x\big|_{t=\hat{T}}=(y-K)^+\end{cases},\hat{T}=\int_0^T\sigma^2(t)\mathrm{d}t$$

令 $t=z$、$\sigma=1$、$r=0$、$T=\hat{T}$，应用 B-S 公式可得到

$$x(y,z)=yN(\tilde{d}_1)-KN(\tilde{d}_2)$$

其中 $\tilde{d}_1=\dfrac{\ln\dfrac{y}{K}+\dfrac{1}{2}(\hat{T}-z)}{\sqrt{\hat{T}-z}}$，$\tilde{d}_2=\tilde{d}_1-\sqrt{\hat{T}-z}$。

将变量 x，y 还原为变量 f，S，则可得到支付红利的欧式看涨期权的 B-S 定价公式为

$$C(S,t)=S\mathrm{e}^{-\int_t^T q(z)\mathrm{d}z}N(\tilde{d}_1)-K\mathrm{e}^{-\int_t^T r(z)\mathrm{d}z}N(\tilde{d}_2) \tag{4.3}$$

其中

$$\tilde{d}_1 = \frac{\ln\frac{S}{K} + \int_t^T \left(r(z) - q(z) + \frac{1}{2}\sigma^2(z)\right)\mathrm{d}z}{\sqrt{\int_t^T \sigma^2(z)\mathrm{d}z}}$$

$$\tilde{d}_2 = \tilde{d}_1 - \sqrt{\int_t^T \sigma^2(z)\mathrm{d}z} \tag{4.4}$$

利用看涨-看跌期权的平价公式可以得到欧式看跌期权的 B-S 定价公式。

定理 4.2 设 $C(S,t)$ 和 $P(S,t)$ 分别表示具有相同执行价格和到期日的欧式看涨期权和看跌期权的价格，红利率为 $q(t)$，无风险利率为 $r(t)$，波动率为 $\sigma(t)$，则看涨-看跌期权的平价公式为

$$C(S,t) + K\mathrm{e}^{-\int_t^T r(z)\mathrm{d}z} = P(S,t) + S\mathrm{e}^{-\int_t^T q(z)\mathrm{d}z}$$

证明 设 $G(S,t) = C(S,t) - P(S,t)$，则 $G(S,t) = (S-K)^+ - (K-S)^+ = S-K$，因此由(4.2)可知，$G(S,t)$ 是定解问题

$$\begin{cases} \frac{\partial G}{\partial t} + \frac{1}{2}\sigma^2(t)S^2\frac{\partial^2 G}{\partial S^2} + (r(t)-q(t))S\frac{\partial G}{\partial S} - r(t)G = 0 \\ G|_{t=T} = S-K \end{cases} \tag{4.5}$$

的解。

令 $G(S,t) = x(t)S - y(t)K$，把 $G(S,t)$ 代入(4.5)中可得到

$$x'(t)S - y'(t)K + (r(t)-q(t))Sx(t) - r(t)(x(t)S - y(t)K) = 0$$

选取 $x(t),y(t)$ 使得

$$\begin{cases} x'(t) + (r(t)-q(t))x(t) - r(t)x(t) = 0 \\ y'(t) - r(t)y(t) = 0 \\ x(T) = y(T) = 1 \end{cases}$$

解得 $x(t) = \mathrm{e}^{-\int_t^T q(z)\mathrm{d}z}$，$y(t) = \mathrm{e}^{-\int_t^T r(z)\mathrm{d}z}$，代入 $G(S,t)$ 中即可得到看涨-看跌期权的平价公式

$$C(S,t) + K\mathrm{e}^{-\int_t^T r(z)\mathrm{d}z} = P(S,t) + S\mathrm{e}^{-\int_t^T q(z)\mathrm{d}z}$$

利用看涨-看跌平价公式，可以得到支付红利的欧式看跌期权的 B-S 定价公式为

$$P(S,t) = K\mathrm{e}^{-\int_t^T r(z)\mathrm{d}z}N(-\tilde{d}_2) - S\mathrm{e}^{-\int_t^T q(z)\mathrm{d}z}N(-\tilde{d}_1)$$

其中 $\tilde{d}_1,\tilde{d}_2$ 同(4.4)。

4.2 有交易费用的 B-S 期权定价模型

众所周知，在理想的 B-S 模型中，是假设交易过程中没有任何支付费用的，但是在现实的证券市场中，任何交易费用都会影响到期权的价格，甚至会影响到期权交易的胜败。B-S 期权定价公式是假设在标的资产价格连续变动的条件下得出来的，因此可以在连续的时间内利用期权实现套期保值，这样可以保证获取利润。但是当有支付费用时，就不能无限次进行保值，那样交易费用也会达到无穷。因此，要给出有交易费用的 B-S 期权定价模型，我们假设：

(1)交易时间不是连续的，而是有一定的时间间隔，假设交易时间间隔为 δt，这里 δt 不再是无穷小量。标的资产价格 S 遵循离散的随机过程：

$$\delta S = \mu S \delta t + \sigma S \varphi \sqrt{\delta t}$$

其中 $\varphi \sim N(0,1)$。

(2)交易成本可以看作是投资者因买卖标的资产而产生的直接费用，一般由买方支付，且费用是交易额的一个固定比例，用变量 M 表示。交易数量为 L($L>0$ 表示购进，$L<0$ 表示售出)，成交价格为 S 的标的资产，总的交易费用为 $M|L|S$。

在这些假设下，我们可以得到：

定理 4.3 在考虑交易费用的情况下，任何一个衍生产品的价格 f 都满足的 B-S 偏微分方程为

$$\frac{\partial f}{\partial t} + \frac{1}{2}\sigma^2 S^2 \frac{\partial^2 f}{\partial S^2} - M\sigma S^2 \sqrt{\frac{2}{\pi \delta t}} \left| \frac{\partial^2 f}{\partial S^2} \right| + rS\frac{\partial f}{\partial S} - rf = 0$$

证明 在经过 δt 时间间隔后，标的资产与衍生证券之间的一个投资组合 Π：$\Pi = f - \Delta S$ 变为

$$\delta \Pi = \sigma S\left(\frac{\partial f}{\partial S} - \Delta\right)\varphi \sqrt{\delta t} + \left(\mu S\frac{\partial f}{\partial S} + \frac{1}{2}\sigma^2 S^2 \frac{\partial^2 f}{\partial S^2} + \frac{\partial f}{\partial t} - \mu \delta S\right)\delta t - MS|L|$$

因 $\Delta = \frac{\partial f}{\partial S}$，但经过 δt 时间间隔后，Δ 因子也发生变化，变为

$$\Delta = \frac{\partial f}{\partial S}(S + \delta S, t + \delta t)$$

为了保持 Δ 因子的中性状态，需采取保值策略，即将交易数量 L 修改为

$$L = \frac{\partial f}{\partial S}(S + \delta S, t + \delta t) - \frac{\partial f}{\partial S}(S, t)$$

利用泰勒展开式，得到交易份额的估计值为

$$L \approx \delta S \frac{\partial^2 f}{\partial S^2}(S, t) \approx \frac{\partial^2 f}{\partial S^2}\sigma S \varphi \sqrt{\delta t}$$

因此，可以得到交易过程中产生的交易费用 $M|L|S$ 的数学期望为

$$E(M|L|S) = \sqrt{\frac{2}{\pi}} M\sigma S^2 \left|\frac{\partial^2 f}{\partial S^2}\right| \sqrt{\delta t}$$

进一步得到 $E(\delta \Pi) = \left(\frac{\partial f}{\partial t} + \frac{1}{2}\sigma^2 S^2 \frac{\partial^2 f}{\partial S^2} - M\sigma S^2 \sqrt{\frac{2}{\pi \delta t}} \left|\frac{\partial^2 f}{\partial S^2}\right|\right)\delta t$

利用无套利原理，再结合 $E(\delta \Pi) = r(t)\Pi \delta t = r(t)(\Pi - S\frac{\partial f}{\partial S})\delta t$，即可得到有交易费用的 B-S 期权定价模型

$$\frac{\partial f}{\partial t} + \frac{1}{2}\sigma^2 S^2 \frac{\partial^2 f}{\partial S^2} - M\sigma S^2 \sqrt{\frac{2}{\pi \delta t}} \left|\frac{\partial^2 f}{\partial S^2}\right| + rS\frac{\partial f}{\partial S} - rf = 0$$

定理 4.4　有交易费用的欧式看涨期权的 B-S 定价公式为

$$C(S, t) = SN(d_1) - Ke^{-r(T-t)}N(d_2)$$

其中

$$d_1 = \frac{\ln \frac{S}{K} + \left(r + \frac{\sigma_l^2}{2}\right)(T - t)}{\sigma_l(T - t)}$$

$$d_2 = d_1 - \sigma_l \sqrt{T - t}$$

$$\sigma_l^2 = \sigma^2 - 2M\sigma \sqrt{\frac{2}{\pi \delta t}}$$

推论 4.1　有交易费用的欧式看跌期权的 B-S 定价公式为

$$P(S, t) = Ke^{-r(T-t)}N(-d_2) - SN(-d_1)$$

其中

$$d_1 = \frac{\ln \frac{S}{K} + \left(r + \frac{\sigma_l^2}{2}\right)(T - t)}{\sigma_l(T - t)}$$

$$d_2 = d_1 - \sigma_l \sqrt{T-t}$$

$$\sigma_l^2 = \sigma^2 + 2M\sigma\sqrt{\frac{2}{\pi\delta t}}$$

推论 4.2 有红利支付和交易费用的 B-S 偏微分方程为

$$\frac{\partial f}{\partial t} + \frac{1}{2}\sigma^2 S^2 \frac{\partial^2 f}{\partial S^2} - M\sigma S^2\sqrt{\frac{2}{\pi\delta t}}\left|\frac{\partial^2 f}{\partial S^2}\right| + (r-q)S\frac{\partial f}{\partial S} - rf = 0$$

很显然，当 $q \neq 0, M = 0$ 时，该方程就成为有红利支付的 B-S 期权定价模型；当 $q = 0, M \neq 0$ 时，该方程就成为有交易费用的 B-S 期权定价模型。

第 5 章　跳扩散模型下的期权定价

5.1　期权定价的跳扩散模型

在 B-S 期权定价模型中,假设标的资产价格遵循布朗运动且期权有效期内标的资产没有任何现金收益支付,即意味着标的资产是连续而均匀变动的,不存在突然的跳跃,这与现实是不符的。实际中,由于一些重大事件的影响会使标的资产价格发生不连续的变动,也即发生跳跃。1976 年,Merton 首先建立了标的资产的跳扩散模型(jump-diffusion model),其中扩散过程表示标的资产价格的连续波动,用布朗运动来刻画,跳过程表示标的资产价格的不连续波动,用泊松过程来刻画,即利用几何布朗运动描述只有系统风险的资产价格运动,用泊松过程描述产生非系统风险的偶然的资产价格的跳跃,并且假设跳跃幅度服从对数正态分布。因此,跳扩散模型是描述资产价格运动的较为理想的模型。

5.1.1　理论知识

定义 5.1　若一个随机过程 $\{N(t),t \geqslant 0\}$ 满足下面三个条件:

(1) $N(0)=0$;

(2) $\{N(t),t \geqslant 0\}$ 有平稳独立增量;

(3)对任意的 $t>0$, $N(t) \sim N(0,\sigma^2 t)$。

则称 $\{N(t),t \geqslant 0\}$ 是布朗运动或维纳过程。若 $\sigma^2=1$, 则称之为标准布朗运动。

由定义可知,标准布朗运动有性质:

(1)正态增量: $N(t)-N(s)$ 服从均值为 0,方差为 $t-s$ 的正态分布,即 $N(t)-N(s) \sim N(0,t-s)$;

(2)独立增量: $N(t)-N(s) \sim N(0,t-s)$ 独立于过去的状态;

(3)连续性:对任意的 t,$N(t)$ 是 t 的连续函数。

定义 5.2　一个计数过程 $\{N(t),t \geqslant 0\}$ 强度参数为 λ 的齐次 Poisson 过程,

若它满足：

(1) $N(0)=0$；

(2) $\{N(t),t\geqslant 0\}$ 是齐次独立增量过程；

(3)存在 $\lambda>0$，对任意的 $\varepsilon>0$，有

$$P\{N(t+\varepsilon)-N(t)=1\}=\lambda\varepsilon+o(\varepsilon),\ P\{N(t+\varepsilon)-N(t)\geqslant 2\}=o(\varepsilon)$$

定义中的条件(3)表明，在充分小的时间间隔中事件出现一次的概率与时间间隔的长度成正比，同时也表示在很小的时间间隔中事件不可能出现两次或两次以上。Poisson 过程就是具有独立增量和平稳过程的计数过程，实际问题中很多随机现象都近似地满足定义中的(3)，可用 Poisson 过程来描述。

下面给出 Poisson 过程的另一种定义方法：

如果每次事件发生的时间间隔 $T_1,T_2,\cdots$ 相互独立，且服从同一参数 λ 的指数分布，则称随机过程 $\{N(t),t\geqslant 0\}$ 是参数为 λ 的 Poisson 过程。

Poisson 过程有平稳增量，因此，过程在任何时刻都可以重新开始，这就是无记忆的体现，与指数分布的无记忆性是对应的。现将其做推广：保留 $T_1,T_2,\cdots$ 的独立性和同分布性，但是分布可以任意，不一定为指数分布，这样得到的 Poisson 过程叫作更新过程。

定义 5.3 设 $T_1,T_2,\cdots$ 为一列独立同分布的非负随机变量，分布函数为 $F(x)$，且 $F(0)<1$，令 $W_n=\sum\limits_{i=1}^{n}T_i$，$n\geqslant 1$，$W_0=0$，定义随机过程 $N_t=\sup\{n\,|\,W_n\leqslant t\}$，则称 $\{N(t),t\geqslant 0\}$ 为更新过程。

在更新过程中我们将事件发生一次叫作一次更新，因此上面定义中的 T_n 就是第 $n-1$ 次和第 n 次更新相距的时间，W_n 是第 n 次更新发生的时刻，称为更新点，而 $N(t)$ 就是 t 时刻之前发生的总的更新次数。

鞅，是一类特殊的随机过程，是概率论的一个重要分支。鞅理论不仅在随机过程及其他数学分支中占了重要的地位，在金融、保险等方面也有广泛的应用。

设 (Ω,F,P) 是一个完备的概率空间，我们讨论的随机变量都是定义在这个概率空间上的。

定义 5.4 随机过程 $\{X_t,t\geqslant 0\}$ 称为是 $\{F_t\}$ 适应的。如果对任意的 $t\geqslant 0$，X_t 是 F_t 可测的，即对任意的 $x\in\mathbf{R}$，$\{X_t\leqslant x\}\in F_t$，此时称 $\{X_t,F_t,t\geqslant 0\}$ 为适应的。

定义 5.5 随机过程 $\{X_t,t\geqslant 0\}$ 称为关于 $\{F_t,t\geqslant 0\}$ 的鞅，如果 $\{X_t\}$ 是

$\{F_t\}$ 适应的，$E(|X_t|) < \infty$，且对任意的 $t > s \geqslant 0$，有

$$E(X_t | F_s) = X_s$$

定义 5.6　如果过程 $\{X_t, 0 \leqslant t \leqslant T\}$ 可以表示为

$$X(t) = X(0) + \int_0^t a(u)\mathrm{d}u + \int_0^t b(u)\mathrm{d}N(s), 0 \leqslant t \leqslant T$$

其中 $a(t), b(t)$ 分别满足：

(1) $\int_0^T |a(t)| \mathrm{d}t < \infty$ ；

(2) $\int_0^T b^2(t)\mathrm{d}t < \infty$。

则称 $\{X_t, 0 \leqslant t \leqslant T\}$ 为 Ito 过程。有时也将 Ito 过程记为微分形式：

$$\mathrm{d}X(t) = a(t)\mathrm{d}t + b(t)\mathrm{d}N(t)$$

$N(t)$ 是一个维纳过程，$a(t), b(t)$ 分别为 Ito 过程 $X(t)$ 的漂移系数和扩散系数。

定理 5.1　(Girsanov 定理)设 $\{N_t, 0 \leqslant t \leqslant T\}$ 是标准布朗运动，令

$$Z_t(H) = \mathrm{e}^{\left(\int_0^t H_s \mathrm{d}N_s - \frac{1}{2}\int_0^t H_s^2 \mathrm{d}s\right)}$$

假定 $E(Z_t(H)) = 1$，对任意的 $A \in F_t$，令

$$Q(A) = \int_A Z_t(H)\mathrm{d}P \text{ 及 } N_t^* = N_t - \int_0^t H_s \mathrm{d}s, 0 \leqslant t \leqslant T$$

则 Q 为与 P 等价的概率测度，且 N_t^* 为关于测度 Q 的标准布朗运动。

注：Girsanov 定理实际上是给出了布朗运动满足一定条件的平移，在一个与原先测度等价的测度下仍然是布朗运动。

定理 5.2　若 $(X,Y) \sim N(\mu, \Sigma)$，其中 $\mu = \begin{pmatrix} \mu_X \\ \mu_Y \end{pmatrix}$，$\sum = \begin{pmatrix} \sigma_X^2 & \rho\sigma_X\sigma_Y \\ \rho\sigma_X\sigma_Y & \sigma_Y^2 \end{pmatrix}$，则：

(1) $E(\mathrm{e}^X I_{\{Y \geqslant b\}}) = \mathrm{e}^{\mu_X + \frac{\sigma_X^2}{2}} \Phi\left(\dfrac{-b + \mu_Y + \mathrm{cov}(X,Y)}{\sigma_Y}\right)$；

特别地，$E(\mathrm{e}^X I_{\{Y \geqslant b\}}) = \mathrm{e}^{\mu_X + \frac{\sigma_X^2}{2}} \Phi\left(\dfrac{-b + \mu_X + \sigma_X^2}{\sigma_X}\right)$，其中 $\Phi(\cdot)$ 为标准正态分布的分布函数。

(2) $E(e^X I_{\{X\geqslant a,Y\geqslant b\}}) = e^{\mu_X+\frac{\sigma_X^2}{2}} N_2\left(\frac{-a+\mu_X+\sigma_X^2}{\sigma_X}, \frac{-b+\mu_Y+\text{cov}(X,Y)}{\sigma_Y}, \rho\right)$;

其中 $N_2(x,y,\rho)=\frac{1}{2\pi\sqrt{1-\rho^2}}\int_{-\infty}^{x}\int_{-\infty}^{y}\exp\left(-\frac{u^2-2\rho uv+v^2}{2(1-\rho^2)}\right)\mathrm{d}u\mathrm{d}v$。

定理 5.3 若 X 与 Y 相互独立且 $X\sim N(\mu_X,\sigma_X^2)$，$Y\sim N(\mu_Y,\sigma_Y^2)$，则：

$$E(e^{X+Y} I_{\{X\geqslant a,Y\geqslant b\}}) = e^{\mu_X+\frac{\sigma_X^2}{2}} \Phi\left(\frac{-a+\mu_X+\sigma_X^2}{\sigma_X}\right) e^{\mu_Y+\frac{\sigma_Y^2}{2}} \Phi\left(\frac{-b+\mu_Y+\sigma_Y^2}{\sigma_Y}\right)$$

5.1.2 跳扩散模型的建立

考虑一个具有两个资产 (B_t, S) 的金融市场，无风险债券价格 B_t 满足微分方程：

$$\mathrm{d}B_t = rB_t\mathrm{d}t, B_0 = 1 \tag{5.1}$$

风险资产的价格过程 S 满足随机微分方程

$$\mathrm{d}S = S[(\mu - q - \lambda h)\mathrm{d}t + \sigma\mathrm{d}Z_t + V\mathrm{d}N_t] \tag{5.2}$$

其中 r 为无风险利率，μ 是标的资产收益率，q 为连续红利率，且均为常数；N_t 是参数为 λ 的泊松过程，即

$$P\{N_t = k\} = \frac{(\lambda t)^k}{k!}e^{-\lambda t}, k = 0,1,2,\cdots$$

$\mathrm{d}N_t$ 用来标书随机跳跃(非系统风险事件)的发生。假设 Z_t，N_t 是相互独立的随机变量，Z_t 是测度 P 下的标准布朗运动，V 是标的资产价格发生跳跃时的跳跃幅度，$V>-1$，且 $\ln(1+V)$ 服从正态分布

$$\ln(1+V) \sim N(\ln(1+h - \frac{1}{2}\theta^2, \theta^2)$$

h 是平均跳跃幅度，即 $h = E(V)$。根据等价鞅测度存在定理，存在一个与 P 等价的风险中性测度 P^*，设 W_t 为测度 P^* 下的标准布朗运动，于是式(5.1)可写为

$$\mathrm{d}S = S[(r - q - \lambda h)\mathrm{d}t + \sigma\mathrm{d}W_t + V\mathrm{d}N_t] \tag{5.3}$$

式(5.3)的 Doleanse-Dade 指数解为

$$S_T = S\exp\left[\left(r - q - \lambda h - \frac{1}{2}\sigma^2\right)(T-t) + \sigma(W_T - W_t) + \sum_{i=0}^{N_{T-t}}\ln(1+V_i)\right] \tag{5.4}$$

5.1.3　跳扩散模型下的欧式期权定价

我们知道，到期日为 T，执行价格为 K 的欧式看涨期权的收益为

$$C(T,S)=(S-K)^+$$

下面给出在跳扩散模型(4.2)下欧式看涨期权的价格。

定理 5.4　在跳扩散模型(4.2)中，到期日为 T，执行价格为 K 的欧式看涨期权在 t 时刻的价格为

$$\begin{aligned}C(t,S)=&Se^{-q(T-t)}\sum_{k=0}^{\infty}\frac{(\lambda(1+h)(T-t))^k e^{-\lambda(1+h)(T-t)}}{k!}\Phi(d_1)\\&-K\sum_{k=0}^{\infty}\frac{(\lambda(T-t))^k e^{-\lambda(T-t)}}{k!}\Phi(d_2)\end{aligned}\tag{5.5}$$

其中

$$d_1=\frac{\ln\frac{S(1+h)^k}{K}+(r-q-\lambda h)(T-t)+\frac{1}{2}(\sigma^2(T-t)+k\sigma_J^2)}{\sqrt{\sigma^2(T-t)+k\sigma_J^2}}$$

$$d_2=d_1-\sqrt{\sigma^2(T-t)+k\sigma_J^2}$$

证明　由期权定价的鞅方法得

$$\begin{aligned}C(t,S)&=E^{P^*}[e^{-r(T-t)}(S_T-K)^+\mid F_t]\\&=E^{P^*}[e^{-r(T-t)}S_TI_{\{S_T\geqslant K\}}\mid F_t]-KE^{P^*}[e^{-r(T-t)}I_{\{S_T\geqslant K\}}\mid F_t]=\text{Ⅰ}-\text{Ⅱ}\end{aligned}\tag{5.6}$$

记 $X=(W_T-W_t)$，$Y=\sum_{i=0}^{k}\ln(1+V_i)$，则对于固定的 k，

$$X+Y\sim N(\ln(1+h)^k-\frac{1}{2}k\sigma_J^2,\sigma^2(-t)+k\sigma_J^2)$$

所以

$$\begin{aligned}\text{Ⅰ}=E^{P^*}\Bigg[&S\exp\bigg(-(q+\lambda h+\frac{\sigma^2}{2})(T-t)+\sigma X+\\&\sum_{i=0}^{N_{T-t}}\ln(1+V_i)\bigg)I_{\left\{\sigma X+\sum_{i=0}^{N_{T-t}}\ln(1+V_i)\geqslant\ln\frac{K}{S}-(r-q-\lambda h-\frac{\sigma^2}{2})(T-t)\right\}}\Bigg]\end{aligned}$$

$$= S\sum_{k=0}^{\infty}\frac{(\lambda(T-t))^k \mathrm{e}^{-\lambda(T-t)}}{k!}E^{P^*}\left[\exp(X+Y)I_{\left\{X+Y\geqslant\ln\frac{K}{S}-(r-q-\lambda h-\frac{\sigma^2}{2})(T-t)\right\}}\right]$$

$$= S\sum_{k=0}^{\infty}\frac{(\lambda(T-t))^k \mathrm{e}^{-\lambda(T-t)}}{k!}\exp(-q-\lambda h-\frac{\sigma^2}{2})(T-t)\exp(\ln(1+h)^k$$

$$+\frac{\sigma^2}{2}(T-t))\cdot\Phi(d_1)$$

$$= S\mathrm{e}^{-q(T-t)}\sum_{k=0}^{\infty}\frac{(\lambda(1+h)(T-t))^k \mathrm{e}^{-\lambda(1+h)(T-t)}}{k!}\cdot\Phi(d_1) \tag{5.7}$$

$$\text{Ⅱ} = KE^{P^*}\left[\mathrm{e}^{-r(T-t)}I_{\left\{\sigma X+\sum_{i=0}^{N_{T-t}}\ln(1+V_i)\geqslant\ln\frac{K}{S}-(r-q-\lambda h-\frac{\sigma^2}{2})(T-t)\right\}}\right]$$

$$= K\sum_{k=0}^{\infty}\frac{(\lambda(T-t))^k \mathrm{e}^{-\lambda(T-t)}}{k!}\mathrm{e}^{-r(T-t)}E^{P^*}\left[I_{\left\{X+Y\geqslant\ln\frac{K}{S}-(r-q-\lambda h-\frac{\sigma^2}{2})(T-t)\right\}}\right]$$

$$= K\sum_{k=0}^{\infty}\frac{(\lambda(T-t))^k \mathrm{e}^{-\lambda(T-t)}}{k!}\mathrm{e}^{-r(T-t)}\cdot\Phi(d_2) \tag{5.8}$$

将(5.7)、(5.8)两式代入式(5.6)即可证得定理。

5.2 跳扩散模型下奇异期权的定价

5.2.1 跳扩散模型下复合期权的定价

复合期权，简单地说就是期权的期权，是以期权为标的资产的期权。复合期权有四个基本类型：基于看涨期权的看涨期权、基于看涨期权的看跌期权、基于看跌期权的看涨期权和基于看跌期权的看跌期权。复合期权有两个执行价格 X_1、X_2 和两个到期日 T_1、T_2。本节用简单的数学推导得到了标的资产价格服从跳扩散模型的复合期权的定价公式。

考虑具有两个资产(B_t,S)的金融市场，无风险债券价格 B_t 和标的资产价格 S 满足微分方程(5.1)和(5.2)。假设标的资产价格在$[0,t_1]$时间段内发生了 m 次跳跃，在$[t_1,T]$时间段内发生了 n 次跳跃，为了书写简便，令 $\tau_1=t_1-t$，$\tau_2=T-t$，$k=r-q-\lambda h-\frac{1}{2}\sigma^2$，则

$$S_{t_1} = S\exp\left[k\tau_1+\sigma(W_{t_1}-W_t)+\sum_{i=0}^{m}\ln(1+V_i)\right]$$

$$S_T = S_{t_1} \exp\left[k(\tau_2 - \tau_1) + \sigma(W_T - W_{t_1}) + \sum_{i=0}^{n} \ln(1+V_i)\right]$$

$$S_T = S \exp\left[k\tau_2 + \sigma(W_T - W_t) + \sum_{i=0}^{m+n} \ln(1+V_i)\right] \tag{5.9}$$

定理 5.5　在跳扩散模型(5.2)中，基于看涨期权的看涨期权 $t(0\leqslant t\leqslant t_1)$时刻的价格是

$$CC_t = \sum_{m=0}^{\infty}\sum_{n=0}^{\infty} e^{-\lambda\tau_2} \frac{\lambda^m \tau_1^m \lambda^n (\tau_2-\tau_1)^n}{m!n!}\Big[S(1+h)^{m+n} e^{-(q+\lambda h)\tau_2} N_2(a_1,b_1,\rho) -$$
$$K e^{-r\tau_2} N_2(a_2,b_2,\rho)\Big] - K_1 e^{-\lambda\tau_1} \sum_{m=0}^{\infty} \frac{\lambda^m \tau_1^m e^{-\lambda\tau_1}}{m!} \Phi(a_2)$$

其中

$$a_1 = \frac{\ln \dfrac{S(1+h)^m}{S^*} + (r-q-\lambda h)\tau_1 + \dfrac{1}{2}(\sigma^2\tau_1 + m\theta^2)}{\sqrt{\sigma^2\tau_1 + m\theta^2}}$$

$$b_1 = \frac{\ln \dfrac{S(1+h)^{(m+n)}}{K} + (r-q-\lambda h)\tau_2 + \dfrac{1}{2}(\sigma^2\tau_2 + (m+n)\theta^2)}{\sqrt{\sigma^2\tau_2 + (m+n)\theta^2}}$$

$$a_2 = a_1 - \sqrt{\sigma^2\tau_1 + m\theta^2},\ b_2 = b_1 - \sqrt{\sigma^2\tau_2 + (m+n)\theta^2}$$

$$\rho = \sqrt{\frac{\sigma^2\tau_1 + m\theta^2}{\sigma^2\tau_2 + (m+n)\theta^2}}$$

S^* 是方程 $C(t_1,T,S_{t_1})=K_1$，即

$$S_{t_1} e^{-q(\tau_2-\tau_1)} \sum_{m=0}^{\infty} \frac{[\lambda(1+h)(\tau_2-\tau_1)]^m e^{-\lambda(1+h)(\tau_2-\tau_1)}}{m!}\Phi(d_1) -$$
$$K\sum_{m=0}^{\infty} \frac{\lambda^m(\tau_2-\tau_1)^m e^{-\lambda(\tau_2-\tau_1)}}{m!}\Phi(d_2) = K_1$$

中 S_{t_1} 的唯一解。且

$$d_1 = \frac{\ln \dfrac{S^*(1+h)^m}{K} + (r-q-\lambda h)(\tau_2-\tau_1) + \dfrac{1}{2}(\sigma^2(\tau_2-\tau_1) + m\theta^2)}{\sqrt{\sigma^2(\tau_2-\tau_1) + m\theta^2}}$$

$$d_2 = d_1 - \sqrt{\sigma^2(\tau_2-\tau_1) + m\theta^2}$$

证明 由期权定价的鞅方法，得

$$CC_t = E^{P^*}\left[\mathrm{e}^{-r\tau_1}(C(t_1,T,S_{t_1})-K_1)^+ \mid F_t\right]$$
$$= \mathrm{e}^{-r\tau_1}E^{P^*}\left[C(t_1,T,S_{t_1})I_{\{S_{t_1}\geqslant S^*\}}\right]-\mathrm{e}^{-r\tau_1}E^{P^*}\left[K_1 I_{\{S_{t_1}\geqslant S^*\}}\right]=\mathrm{I}-\mathrm{II} \tag{5.10}$$

记 $X_0=\sigma(W_{t_1}-W_t)$，$Y_0=\sum_{i=0}^{m}\ln(1+V_i)$，则对于固定的 m，

$$X_0+Y_0\sim N(\ln(1+h)^m-\frac{1}{2}m\theta^2,\sigma^2\tau_1+m\theta^2)$$

由于 $S_{t_1}\geqslant S^*$，必有 $\ln S_{t_1}\geqslant \ln S^*$，则 $\sigma(W_{t_1}-W_t)+\sum_{i=0}^{m}\ln(1+V_i)\geqslant \ln\frac{S^*}{S}-k\tau_1$，即 $X_0+Y_0\geqslant \ln\frac{S^*}{S}-k\tau_1$。

$$\mathrm{I}=\mathrm{e}^{-r\tau_1}E^{P^*}\left[(\mathrm{e}^{-r(\tau_2-\tau_1)}E^{P^*}(S_T-K)^+)I_{\{S_{t_1}\geqslant S^*\}}\right]$$
$$=\left[S\exp\left(-(q+\lambda h+\frac{\sigma^2}{2})\tau_2+\sigma(W_T-W_t)+\sum_{i=0}^{m+n}\ln(1+V_i)\right)-K\mathrm{e}^{-r\tau_2}I_{\{\xi\geqslant a,\eta\geqslant b\}}\right]$$
$$=\mathrm{I}_1-\mathrm{II}_2 \tag{5.11}$$

其中，$\xi=X_0+Y_0$，$\eta=\sigma(W_T-W_t)+\sum_{i=0}^{m+n}\ln(1+V_i)$；

$\xi\sim N(\ln(1+h)^m-\frac{1}{2}n\theta^2,\sigma^2\tau_1+n\theta^2)$；

$\eta\sim N(\ln(1+h)^{m+n}-\frac{1}{2}(m+n)\theta^2,\sigma^2\tau_2+(m+n)\theta^2)$；

$a=\ln\frac{S^*}{S}-k\tau_1$，$b=\ln\frac{K}{S}-k\tau_2$；

令 $X_1=\sigma(W_T-W_{t_1})$，$Y_1=\sum_{i=0}^{n}\ln(1+V_i)$，则有

$$(\xi,\eta)=\begin{pmatrix}1&0&1&1\\1&1&1&1\end{pmatrix}(X_0,X_1,Y_0,Y_1)$$

因 X_0,X_1,Y_0,Y_1 相互独立且都服从正态分布，所以 (ξ,η) 为二维联合正态分布。

$$
\begin{aligned}
\text{I}_1 &= \sum_{m=0}^{\infty}\sum_{n=0}^{\infty} e^{-\lambda\tau_2} \frac{\lambda^m \tau_1^m \lambda^n (\tau_2-\tau_1)^n}{m!n!} S e^{-(q+\lambda h+\frac{\sigma^2}{2})\tau_2} \times E^{P^*}(e^{\eta} I_{\{\xi\geqslant a,\eta\geqslant b\}}) \\
&= \sum_{m=0}^{\infty}\sum_{n=0}^{\infty} e^{-\lambda\tau_2} \frac{\lambda^m \tau_1^m \lambda^n (\tau_2-\tau_1)^n}{m!n!} \cdot S e^{-(q+\lambda h+\frac{\sigma^2}{2})\tau_2} \cdot e^{\ln(1+h)^{m+n}+\frac{\sigma^2}{2}\tau_2} N_2(a_1,b_1,\rho) \\
&= \sum_{m=0}^{\infty}\sum_{n=0}^{\infty} e^{-\lambda\tau_2} \frac{\lambda^m \tau_1^m \lambda^n (\tau_2-\tau_1)^n}{m!n!} \cdot S e^{-(q+\lambda h)\tau_2} \cdot (1+h)^{m+n} N_2(a_1,b_1,\rho)
\end{aligned} \tag{5.12}
$$

$$
\text{I}_2 = \sum_{m=0}^{\infty}\sum_{n=0}^{\infty} e^{-\lambda\tau_2} \frac{\lambda^m \tau_1^m \lambda^n (\tau_2-\tau_1)^n}{m!n!} \cdot K e^{-r\tau_2} \cdot N_2(a_2,b_2,\rho) \tag{5.13}
$$

$$
\begin{aligned}
\text{II} &= \sum_{m=0}^{\infty} \frac{(\lambda\tau_1)^m e^{-\lambda\tau_1}}{m!} K_1 e^{-r\tau_1} E^{P^*}\left[I_{\{X+Y\geqslant \ln\frac{S^*}{S}-k\tau_1\}}\right] \\
&= K_1 e^{-r\tau_1} \sum_{m=0}^{\infty} \frac{(\lambda\tau_1)^m e^{-\lambda\tau_1}}{m!} \Phi(a_2)
\end{aligned} \tag{5.14}
$$

其中 $a_1 = \dfrac{\ln\dfrac{S(1+h)^m}{S^*} + (r-q-\lambda h)\tau_1 - \dfrac{1}{2}(\sigma^2\tau_1 + m\theta^2)}{\sqrt{\sigma^2\tau_1 + m\theta^2}}$。

由式(5.10)～(5.14)即可证明定理。

用同样的方法可得到在跳扩散下其他三复合期权的定价。

定理 5.6 在跳扩散模型(5.2)中,基于看涨期权的看跌期权在 $t(0\leqslant t\leqslant t_1)$ 时刻的价格是

$$
\begin{aligned}
\text{CP}_t = \sum_{m=0}^{\infty}\sum_{n=0}^{\infty} e^{-\lambda\tau_2} \frac{\lambda^m \tau_1^m \lambda^n (\tau_2-\tau_1)^n}{m!n!} &[K e^{-r\tau_2} N_2(-a_2,b_2,-\rho) - \\
&S(1+h)^{m+n} e^{-(q+\lambda h)\tau_2} N_2(-a_1,b_1,-\rho)] + K_1 e^{-r\tau_1} \sum_{m=0}^{\infty} \frac{\lambda^m \tau_1^m e^{-\lambda\tau_1}}{m!} \Phi(-a_2)
\end{aligned} \tag{5.15}
$$

定理 5.7 在跳扩散模型(5.2)中,基于看跌期权的看涨期权在 $t(0\leqslant t\leqslant t_1)$ 时刻的价格是

$$
\begin{aligned}
\text{PC}_t = \sum_{m=0}^{\infty}\sum_{n=0}^{\infty} e^{-\lambda\tau_2} \frac{\lambda^m \tau_1^m \lambda^n (\tau_2-\tau_1)^n}{m!n!} &[S(1+h)^{m+n} e^{-(q+\lambda h)\tau_2} N_2(a_1,b_1,-\rho) - \\
&K e^{-r\tau_2} N_2(a_2,-b_2,-\rho)] + K_1 e^{-r\tau_1} \sum_{m=0}^{\infty} \frac{\lambda^m \tau_1^m e^{-\lambda\tau_1}}{m!} \Phi(a_2)
\end{aligned} \tag{5.16}
$$

定理 5.8 在跳扩散模型(5.2)中,基于看跌期权的看跌期权在 $t(0\leqslant t\leqslant t_1)$

时刻的价格是

$$\mathrm{PP}_t = \sum_{m=0}^{\infty}\sum_{n=0}^{\infty} \mathrm{e}^{-\lambda\tau_2} \frac{\lambda^m \tau_1^m \lambda^n (\tau_2-\tau_1)^n}{m!n!} [K\mathrm{e}^{-r\tau_2} N_2(-a_2,-b_2,\rho) - S(1+h)^{m+n}\mathrm{e}^{-(q+\lambda h)\tau_2} N_2(-a_1,-b_1,\rho)] - K_1 \mathrm{e}^{-r\tau_1} \sum_{m=0}^{\infty} \frac{\lambda^m \tau_1^m \mathrm{e}^{-\lambda\tau_1}}{m!} \Phi(-a_2) \tag{5.17}$$

5.2.2 跳扩散模型下再装期权的定价

再装期权是一个变异的欧式看涨期权，它允许期权的持有者在到期日之前的特定日期执行欧式看涨期权且保证执行期权时期权处于实值状态，然后获得一个数量为被执行期权的执行价格与执行日标的资产价格的比，到期日不变，执行价格为执行日标的资产价格的新的欧式看涨期权。再装期权的特征是：允许其持有者锁定在再装日的利润，消除了在到期日可能只获得较低收入的风险，对一些特定公司来说是一种较好的激励方案。

在实际中，一些重大信息对标的资产价格的影响不可能使标的资产价格的跳跃高度是相等的，而是服从对数正态分布，下面我们给出标的资产价格服从跳扩散模型时，再装期权的定价。

由再装期权的定义可知，再装时刻 t_1 时的收益为：$\max(S_{t_1}-K,0)$，在到期日 T 时的收益为

$$F(S_{t_1},S_T,K) = \begin{cases} \dfrac{K}{S}\max(S_T-S_{t_1},0), S_{t_1}\geqslant K \\ \max(S_T-K,0), S_{t_1}<K \end{cases} \tag{5.18}$$

考虑具有两个资产(B_t,S)的金融市场，无风险债券价格 B_t 和标的资产价格 S 满足微分方程(5.1)和(5.2)。假设标的资产价格在$[t,t_1]$时间段内发生了 m 次跳跃，在$[t_1,T]$时间段内发生了 n 次跳跃，为了书写简便，令 $\tau_1=t_1-t$，$\tau_2=T-t$，即 $\tau_2-\tau_1=T-t_1$，$k=r-q-\lambda h-\frac{1}{2}\sigma^2$，则

$$S_{t_1} = S\exp\left[k\tau_1+\sigma(W_{t_1}-W_t)+\sum_{i=0}^{m}\ln(1+V_i)\right]$$

$$S_T = S_{t_1}\exp\left[k(\tau_2-\tau_1)+\sigma(W_T-W_{t_1})+\sum_{i=0}^{n}\ln(1+V_i)\right]$$

$$S_T = S\exp\left[k\tau_2 + \sigma(W_T - W_t) + \sum_{i=0}^{m+n}\ln(1+V_i)\right] \tag{5.19}$$

定理 5.9　在跳扩散模型(5.2)中，再装时刻为 t_1，到期日为 T，执行价格为 K 的再装期权在任意 $t(t<t_1)$ 时刻的价格是

$$\begin{aligned}C_r = {} & C(t,t_1,S) + \sum_{m=0}^{\infty}\sum_{n=0}^{\infty}\mathrm{e}^{-\lambda\tau_2}\frac{\lambda^m\tau_1^m\lambda^n(\tau_2-\tau_1)^n}{m!n!}\big[K\mathrm{e}^{-r\tau_1-(q+\lambda h)(\tau_2-\tau_1)}(1+h)^n\Phi(d_2)\Phi(d_3) - \\ & K\mathrm{e}^{-r\tau_2}\Phi(d_2)\Phi(d_4) + S(1+h)^{m+n}\mathrm{e}^{-(q+\lambda h)\tau_2}N_2(d_5,d_6,-\rho) - \\ & K\mathrm{e}^{-r\tau_2}N_2(d_7,d_8,-\rho)\big]\end{aligned} \tag{5.20}$$

其中

$$C(t,t_1,S) = S\mathrm{e}^{-q\tau_1}\sum_{m=0}^{\infty}\frac{\lambda^m\tau_1^m(1+h)^m}{m!}\mathrm{e}^{-\lambda(1+h)\tau_1}\Phi(d_1) - K\sum_{m=0}^{\infty}\frac{\lambda^m\tau_1^m}{m!}\mathrm{e}^{-\lambda\tau_2}\mathrm{e}^{-r\tau_2}\Phi(d_2)$$

$$d_1 = \frac{\ln\dfrac{S(1+h)^m}{K} + (r-q-\lambda h)\tau_1 + \dfrac{1}{2}(\sigma^2\tau_1 + m\theta^2)}{\sqrt{\sigma^2\tau_1 + m\theta^2}}$$

$$d_2 = d_1 - \sqrt{\sigma^2\tau_1 + m\theta^2}$$

$$d_3 = \frac{(r-q-\lambda h)(\tau_2-\tau_1) + \ln(1+h)^n + \dfrac{1}{2}(\sigma^2(\tau_2-\tau_1) + n\theta^2)}{\sqrt{\sigma^2(\tau_2-\tau_1) + n\theta^2}}$$

$$d_4 = d_3 - \sqrt{\sigma^2(\tau_2-\tau_1) + n\theta^2},\ d_5 = -d_1,\ d_7 = -d_1 - \sqrt{\sigma^2\tau_1 + m\theta^2}$$

$$d_6 = \frac{\ln\dfrac{S(1+h)^{(m+n)}}{K} + (r-q-\lambda h)\tau_2 + \dfrac{1}{2}(\sigma^2\tau_2 + (m+n)\theta^2)}{\sqrt{\sigma^2\tau_2 + (m+n)\theta^2}}$$

$$d_8 = d_6 - \sqrt{\sigma^2\tau_2 + (m+n)\theta^2},\quad \rho = \sqrt{\frac{\sigma^2\tau_1 + m\theta^2}{\sigma^2\tau_2 + (m+n)\theta^2}}$$

证明　由期权定价的鞅方法，得

$$\begin{aligned}C_r = {} & E^{P^*}[\mathrm{e}^{-r\tau_1}(S_{t_1}-K)^+ \mid F_t] + E^{P^*}\left[\mathrm{e}^{-r\tau_2}\frac{K}{S_{t_1}}C(S_T,S_{t_1})^+ I_{\{S_{t_1}\geqslant K\}}\middle| F_t\right] \\ & + E^{P^*}[\mathrm{e}^{-r\tau_2}(S_T-K)^+ I_{\{S_{t_1}<K\}} \mid F_t] = \text{I} + \text{II} + \text{III}\end{aligned} \tag{5.21}$$

记 $X_0 = \sigma(W_{t_1} - W_t)$，$Y_0 = \sum_{i=0}^{m}\ln(1+V_i)$，则对于固定的 m，

$$X_0 + Y_0 \sim N\left(\ln(1+h)^m - \frac{1}{2}m\theta^2, \sigma^2\tau_1 + m\theta^2\right)$$

$$\mathrm{I} = E^{P^*}\left[\left(\mathrm{e}^{-r\tau_1}(S_{t_1}-K)^+\right)\right] = E^{P^*}\left[\mathrm{e}^{-r\tau_1}S_{t_1}I_{\{S_{t_1}\geqslant K\}}\mid F_t\right] - KE^{P^*}\left[\mathrm{e}^{-r\tau_1}I_{\{S_{t_1}\geqslant K\}}\mid F_t\right] = \mathrm{I}_1 - \mathrm{I}_2 \tag{5.22}$$

$$\begin{aligned}\mathrm{I}_1 &= E^{P^*}\left[S\exp\left((k-r)\tau_1+\sigma(W_{t_1}-W_t)+\sum_{i=0}^{N_m}\ln(1+V_i)\right)I_{\left\{\sigma(W_{t_1}-W_t)+\sum_{i=0}^{N_m}\ln(1+V_i)\geqslant\ln\frac{K}{S_T}-k\tau_1\right\}}\right]\\ &= S\sum_{m=0}^{\infty}\frac{(\lambda\tau_1)^m\mathrm{e}^{-\lambda\tau_1}}{m!}K_1\mathrm{e}^{(k-r)\tau_1}\cdot E^{P^*}\left[\mathrm{e}^{X+Y}I_{\left\{X+Y\geqslant\ln\frac{K}{S}-k\tau_1\right\}}\right]\\ &= S\sum_{m=0}^{\infty}\frac{(\lambda\tau_1)^m\mathrm{e}^{-\lambda\tau_1}}{m!}\cdot\mathrm{e}^{(k-r)\tau_1}\cdot\mathrm{e}^{\ln(1+h)^m+\frac{1}{2}\sigma^2\tau_1}\cdot\Phi(d_1)\\ &= S\mathrm{e}^{-q\tau_1}\sum_{m=0}^{\infty}\frac{\lambda^m(1+h)^m\tau_1^m\mathrm{e}^{-\lambda(1+h)\tau_1}}{m!}\Phi(d_1)\end{aligned} \tag{5.23}$$

$$\begin{aligned}\mathrm{I}_2 &= KE^{P^*}\left[\mathrm{e}^{-r\tau_1}I_{\left\{\sigma(W_{t_1}-W_t)+\sum_{i=0}^{N_m}\ln(1+V_i)\geqslant\ln\frac{K}{S_T}-k\tau_1\right\}}\right]\\ &= K\sum_{m=0}^{\infty}\frac{(\lambda\tau_1)^m\mathrm{e}^{-\lambda\tau_1}}{m!}\mathrm{e}^{-r\tau_1}\cdot P^*\left\{X_0+Y_0\geqslant\ln\frac{K}{S}-k\tau_1\right\}\\ &= K\sum_{m=0}^{\infty}\frac{\lambda^m\tau_1^m\mathrm{e}^{-\lambda\tau_1}}{m!}\cdot\mathrm{e}^{-r\tau_1}\Phi(d_2)\end{aligned} \tag{5.24}$$

记 $X_1=\sigma(W_T-W_{t_1})$，$Y_1=\sum\limits_{i=0}^{n}\ln(1+V_i)$，则对于固定的 n，

$$X_1+Y_1\sim N\left(\ln(1+h)^n-\frac{1}{2}n\theta^2,\ \sigma^2(\tau_2-\tau_1)+n\theta^2\right)$$

$$\begin{aligned}\mathrm{II} &= E^{P^*}\left[\mathrm{e}^{-r\tau_2}\frac{K}{S_{t_1}}(S_T-S_{t_1})I_{\{S_{t_1}\geqslant K,S_T\geqslant S_{t_1}\}}\right]\\ &= E^{P^*}\left[\mathrm{e}^{-r\tau_2}K\left(\frac{S_T}{S_{t_1}}-1\right)I_{\{S_{t_1}\geqslant K,S_T\geqslant S_{t_1}\}}\right]\\ &= KE^{P^*}\left[\mathrm{e}^{-rt}\left(\exp(-k(\tau_2-\tau_1)+\sigma(W_T-W_{t_1})+\right.\right.\\ &\qquad\left.\left.\sum_{i=0}^{N_{\tau_2-\tau_1}}\ln(1+V_i))-1\right)I_{\{S_{t_1}\geqslant K,S_T\geqslant S_{t_1}\}}\right]\\ &= K\left[\mathrm{e}^{-rt+k(\tau_2-\tau_1)}P^*(S_{t_1}\geqslant K)E^{P^*}\left[\exp(\sigma(W_T-W_{t_1})+\right.\right.\\ &\qquad\left.\left.\sum_{i=0}^{N_{\tau_2-\tau_1}}\ln(1+V_i))I_{\{S_{t_1}\geqslant K,S_T\geqslant S_{t_1}\}}\right]\right]-K\mathrm{e}^{-rt}E^{P^*}\left[I_{\{S_{t_1}\geqslant K,S_T\geqslant S_{t_1}\}}\right]\end{aligned}$$

$$= K\Bigg[e^{-rt+k(\tau_2-\tau_1)}\Phi(d_2)E^{P^*}\Big[\exp\Big(\sigma(W_T - W_{t_1}) + \sum_{i=0}^{N_{\tau_2-\tau_1}}\ln(1+V_i)\Big)I_{\{\sigma(W_T-W_{t_1})+\sum_{i=0}^{N_{\tau_2-\tau_1}}\ln(1+V_i)\geqslant k(\tau_2-\tau_1)\}}\Big]\Bigg] -$$

$$Ke^{-r\tau_2}\Phi(d_2)E^{P^*}\Big[I_{\{\sigma(W_T-W_{t_1})+\sum_{i=0}^{N_{\tau_2-\tau_1}}\ln(1+V_i)\geqslant k(\tau_2-\tau_1)\}}\Big]$$

$$= K\sum_{m=0}^{\infty}\sum_{n=0}^{\infty}e^{-\lambda\tau_2}\frac{\lambda^m\tau_1^m\lambda^n(\tau_2-\tau_1)^n}{m!n!}e^{-\lambda\tau_2}\Phi(d_2)[e^{-rt+k(\tau_2-\tau_1)}E^{P^*}(e^{X_1+Y_1}I_{\{X_1+Y\geqslant k(\tau_2-\tau_1)\}})$$

$$- e^{-r\tau_2}P^*\{X_1+Y\geqslant k(\tau_2-\tau_1)\}$$

$$= K\sum_{m=0}^{\infty}\sum_{n=0}^{\infty}e^{-\lambda\tau_2}\frac{\lambda^m\tau_1^m\lambda^n(\tau_2-\tau_1)^n}{m!n!}\Phi(d_2)[e^{-r\tau_1-(q+\lambda h)(\tau_2-\tau_1)}(1+h)^n\Phi(d_3)$$

$$- e^{-r\tau_2}\Phi(d_4)] \tag{5.25}$$

$$\text{Ⅲ} = E^{P^*}[e^{-r\tau_1}(S_T-K)I_{\{S_{t_1}<K,S_T\geqslant K\}}]$$

$$= E^{P^*}\Big[S\exp\Big((k-r)\tau_2+\sigma(W_T-W_t)+\sum_{i=0}^{N_n}\ln(1+V_i)\Big)I_{\{S_{t_1}<K,S_T\geqslant K\}}\Big] -$$

$$Ke^{-r\tau_2}E^{P^*}[I_{\{S_{t_1}<K,S_T\geqslant K\}}]$$

$$= \text{Ⅲ}_1 - \text{Ⅲ}_2 \tag{5.26}$$

记
$$\xi = X_0 + Y_0 = \sigma(W_{t_1}-W_t) + \sum_{i=0}^{m}\ln(1+V_i)$$

$$\eta = X_0 + X_1 + Y_0 + Y_1 = \sigma(W_T - W_t) + \sum_{i=0}^{m+n}\ln(1+V_i)$$

则 $\xi \sim N(\ln(1+h)^m - \frac{1}{2}m\theta^2, \sigma^2\tau_1 + m\theta^2)$

$\eta \sim N(\ln(1+h)^{m+n} - \frac{1}{2}(m+n)\theta^2, \sigma^2\tau_2 + (m+n)\theta^2)$, $\mathrm{cov}(\xi,\eta) = \sigma^2\tau_1 + m\theta^2$

$$(\xi,\eta) = \begin{pmatrix}1 & 0 & 1 & 1\\ 1 & 1 & 1 & 1\end{pmatrix}(X_0,\ X_1,\ Y_0,\ Y_1)$$

因 X_0, X_1, Y_0, Y_1 相互独立且都服从正态分布，所以(ξ,η)为二维联合正态分布。

令 $a = \ln\frac{S}{K} - k\tau_1$，$b = \ln\frac{K}{S} - k\tau_2$，则有

$$\mathrm{III}_1 = \sum_{m=0}^{\infty}\sum_{n=0}^{\infty} e^{-\lambda\tau_2} \frac{\lambda^m \tau_1^m \lambda^n (\tau_2 - \tau_1)^n}{m!n!} Se^{-(q+\lambda h+\frac{\sigma^2}{2})\tau_2} \times E^{P^*}(e^{\eta} I_{\{-\xi \geqslant a, \eta \geqslant b\}})$$

$$= \sum_{m=0}^{\infty}\sum_{n=0}^{\infty} e^{-\lambda\tau_2} \frac{(\lambda\tau_1)^m \lambda^n (\tau_2 - \tau_1)^n}{m!n!} \cdot S(1+h)^{m+n} e^{-(q+\lambda h)\tau_2} \cdot$$

$$N_2\left(\frac{-a+\mu_{-\xi}+\mathrm{cov}(-\xi,\eta)}{\sigma_\xi}, \frac{-b+\mu_\eta+\sigma_\eta^2}{\sigma_\eta}, -\rho\right)$$

$$= \sum_{m=0}^{\infty}\sum_{n=0}^{\infty} e^{-\lambda\tau_2} \frac{\lambda^m \tau_1^m \lambda^n (\tau_2 - \tau_1)^n}{m!n!} \cdot Se^{-(q+\lambda h)\tau_2} \cdot (1+h)^{m+n} N_2(d_5, d_6, -\rho) \tag{5.27}$$

$$\mathrm{III}_2 = \sum_{m=0}^{\infty}\sum_{n=0}^{\infty} e^{-\lambda\tau_2} \frac{\lambda^m \tau_1^m \lambda^n (\tau_2 - \tau_1)^n}{m!n!} \cdot Ke^{-r\tau_2} \cdot E^{P^*}[I_{\{-\xi > a, \eta \geqslant b\}}]$$

$$= \sum_{m=0}^{\infty}\sum_{n=0}^{\infty} e^{-\lambda\tau_2} \frac{\lambda^m \tau_1^m \lambda^n (\tau_2 - \tau_1)^n}{m!n!} \cdot Ke^{-r\tau_2} \cdot N_2\left(\frac{-a+\mu_{-\xi}}{\sigma_\xi}, \frac{-b+\mu_\eta}{\sigma_\eta}, -\rho\right)$$

$$= \sum_{m=0}^{\infty}\sum_{n=0}^{\infty} e^{-\lambda\tau_2} \frac{\lambda^m \tau_1^m \lambda^n (\tau_2 - \tau_1)^n}{m!n!} \cdot Ke^{-r\tau_2} \cdot N_2(d_7, d_8, -\rho) \tag{5.28}$$

由式(5.21)～(5.28),即可证得定理。

5.2.3 跳扩散模型下重置期权的定价

简单地讲,重置期权就是执行价格可以调整的期权。重置期权是一种新型的期权,它和一般标准期权的最大区别是在某些不利于期权持有者的情况下,持有者有权利而不是义务,在事先约定的重置时间,将原定的执行价格重新设置为当时标的资产的价格。对于看涨期权,在一段特定的时间内,若标的资产价格下跌至某一水平,期权的执行价格可以重新设置为较低的价格,具有下挡风险的保证;对于看跌期权,在一段特定的时间内,若标的资产价格上涨至某一水平,期权的执行价格可以重新设置为较高的价格,具有上挡风险的保证。重置期权的出现,有助于期权市场的活跃,一般而言,期权在平价交易时最为活跃,而在极度价外,流动性又十分低,交易冷清。但若有重置约定,则有助于期权流动性的提升。由于重置期权比一般的期权多了一条有利于持有者的条件,理论上重置期权的价值要高于相同条件但无附设重置合约的期权。

根据重置期权的定义,设

$$L = \begin{cases} \min(K, S_{t_1}), & t_1 \leqslant t \leqslant T \\ K, & 0 \leqslant t \leqslant t_1 \end{cases} \tag{5.29}$$

考虑具有两个资产(B_t, S)的金融市场，无风险债券价格B_t和标的资产价格S满足微分方程(4.1)和(4.2)。假设标的资产价格在$[t, t_1]$时间段内发生了m次跳跃，在$[t_1, T]$时间段内发生了n次跳跃，为了书写简便，令$\tau_1 = t_1 - t, \tau_2 = T - t$，即$\tau_2 - \tau_1 = T - t_1, k = r - q - \lambda h - \frac{1}{2}\sigma^2$，则

$$S_{t_1} = S\exp\left[k\tau_1 + \sigma(W_{t_1} - W_t) + \sum_{i=0}^{m}\ln(1+V_i)\right]$$

$$S_T = S_{t_1}\exp\left[k(\tau_2 - \tau_1) + \sigma(W_T - W_{t_1}) + \sum_{i=0}^{n}\ln(1+V_i)\right]$$

$$S_T = S\exp\left[k\tau_2 + \sigma(W_T - W_t) + \sum_{i=0}^{m+n}\ln(1+V_i)\right] \tag{5.30}$$

定理 5.10　在跳扩散模型(5.2)中，重置时刻为t_1，到期日为T，执行价格为K的重置期权在任意$t(t<t_1)$时刻的价格是

$$C_R = \sum_{m=0}^{\infty}\sum_{n=0}^{\infty} e^{-\lambda\tau_2}\frac{\lambda^m\tau_1^m\lambda^n(\tau_2-\tau_1)^n}{m!n!}[S(1+h)^{m+n}e^{-(q+\lambda h)\tau_2}(N_2(d_1,d_2,\rho) + \Phi(d_5)\Phi(d_6)) - Ke^{-r\tau_2}N_2(d_3,d_4,\rho) - KSe^{-r\tau_2+(r-q-\lambda h)\tau_1}(1+h)^m\Phi(d_5)\Phi(d_7)] \tag{5.31}$$

其中

$$d_1 = \frac{\ln\frac{S(1+h)^m}{K} + (r-q-\lambda h)\tau_1 + \frac{1}{2}(\sigma^2\tau_1 + m\theta^2)}{\sqrt{\sigma^2\tau_1 + m\theta^2}}, \quad d_3 = d_1 - \sqrt{\sigma^2\tau_1 + m\theta^2}$$

$$d_2 = \frac{\ln\frac{S(1+h)^{m+n}}{K} + (r-q-\lambda h)\tau_2 + \frac{1}{2}(\sigma^2\tau_2 + (m+n)\theta^2)}{\sqrt{\sigma^2\tau_2 + (m+n)\theta^2}}$$

$$d_4 = d_2 - \sqrt{\sigma^2\tau_2 + (n+m)\theta^2}, d_5 = -d_1$$

$$d_6 = \frac{\ln(1+h)^n + (r-q-\lambda h)(\tau_2-\tau_1) + \frac{1}{2}(\sigma^2(\tau_2-\tau_1) + n\theta^2)}{\sqrt{\sigma^2(\tau_2-\tau_1) + n\theta^2}}$$

$$d_7 = d_6 - \sqrt{\sigma^2(\tau_2-\tau_1) + n\theta^2}, \quad \rho = \sqrt{\frac{\sigma^2\tau_1 + m\theta^2}{\sigma^2\tau_2 + (m+n)\theta^2}}$$

证明 由期权定价的鞅方法，得

$$
\begin{aligned}
C_R &= E^{P^*}\left[\mathrm{e}^{-r\tau_2}(S_T - K^*)^+ \mid F_t\right] \\
&= \mathrm{e}^{-r\tau_2}E^{P^*}\left[(S_T - K)^+ I_{\{S_{t_1}\geqslant K\}} \mid F_t\right] + \mathrm{e}^{-r\tau_2}E^{P^*}\left[(S_T - S_{t_1})^+ I_{\{S_{t_1}<K\}} \mid F_t\right] \\
&= \mathrm{I} + \mathrm{II}
\end{aligned} \tag{5.32}
$$

记 $X_0 = \sigma(W_{t_1} - W_t)$，$Y_0 = \sum_{i=0}^{m}\ln(1+V_i)$，则对于固定的 m，有

$$
\xi = X_0 + Y_0 \sim N\left(\ln(1+h)^m - \frac{1}{2}m\theta^2, \sigma^2\tau_1 + m\theta^2\right)
$$

记 $X_1 = \sigma(W_T - W_{t_1})$，$Y_1 = \sum_{i=0}^{n}\ln(1+V_i)$，则对于固定的 n，有

$$
\eta = X_0 + Y_0 + X_1 + Y_1 \sim N\left(\ln(1+h)^{m+n} - \frac{1}{2}(m+n)\theta^2, \sigma^2(\tau_2 - \tau_1) + (m+n)\theta^2\right)
$$

$$
\operatorname{cov}(\xi,\eta) = \sigma^2\tau_1 + m\theta^2
$$

$$
\begin{aligned}
\mathrm{I} &= \mathrm{e}^{-r\tau_2}E^{P^*}\left[(S_T - K)^+ I_{\{S_{t_1}\geqslant K\}}\right] \\
&= \mathrm{e}^{-r\tau_2}E^{P^*}\left[S_T I_{\{S_{t_1}>K, S_T>K\}}\right] - K\mathrm{e}^{-r\tau_2}E^{P^*}\left[I_{\{S_{t_1}>K, S_T>K\}}\right] \\
&= \mathrm{I}_1 - \mathrm{I}_2
\end{aligned} \tag{5.33}
$$

$$
\begin{aligned}
\mathrm{I}_1 &= \mathrm{e}^{-r\tau_2}E^{P^*}\Bigg[S\exp\left((k\tau_2 + \sigma(W_T - W_t) + \sum_{i=0}^{N_{\tau_2}}\ln(1+V_i)\right) \\
&\qquad I_{\left\{\sigma(W_{t_1}-W_t)+\sum_{i=0}^{N_{\tau_1}}\ln(1+V_i)\geqslant\ln\frac{K}{S}-k\tau_1,\ \sigma(W_T-W_t)+\sum_{i=0}^{N_{\tau_2}}\ln(1+V_i)\geqslant\ln\frac{K}{S}-k\tau_2\right\}}\Bigg] \\
&= \mathrm{e}^{-r\tau_2}\sum_{m=0}^{\infty}\sum_{n=0}^{\infty}\frac{\lambda^m\tau_1^m\lambda^n(\tau_2-\tau_1)^n\mathrm{e}^{-\lambda\tau_2}}{m!n!}S\mathrm{e}^{k\tau_2}E^{P^*}\left[\mathrm{e}^{\eta}I_{\left\{\xi\geqslant\ln\frac{K}{S}-k\tau_1,\ \eta\geqslant\ln\frac{K}{S}-k\tau_2\right\}}\right] \\
&= \mathrm{e}^{-r\tau_2}\sum_{m=0}^{\infty}\sum_{n=0}^{\infty}\frac{\lambda^m\tau_1^m\lambda^n(\tau_2-\tau_1)^n\mathrm{e}^{-\lambda\tau_2}}{m!n!}S\mathrm{e}^{k\tau_2}\mathrm{e}^{\ln(1+h)(m+n)}N(d_1, d_2, \rho) \\
&= \sum_{m=0}^{\infty}\sum_{n=0}^{\infty}\frac{\lambda^m\tau_1^m\lambda^n(\tau_2-\tau_1)^n\mathrm{e}^{-\lambda\tau_2}}{m!n!}S\mathrm{e}^{k\tau_2}(1+h)^{m+n}\mathrm{e}^{-(q+\lambda h)\tau_2}N(d_1, d_2, \rho)
\end{aligned} \tag{5.34}
$$

$$
\begin{aligned}
\text{I}_2 &= K\mathrm{e}^{-r\tau_2} P^* \{S_{t_1} > K, S_T > K\} \\
&= K\mathrm{e}^{-r\tau_2} \sum_{m=0}^{\infty}\sum_{n=0}^{\infty} \frac{\lambda^m \tau_1^m \lambda^n (\tau_2-\tau_1)^n}{m!n!} \mathrm{e}^{-\lambda\tau_2} P^* \left\{\xi \geqslant \ln\frac{K}{S} - k\tau_1, \eta \geqslant \ln\frac{K}{S} - k\tau_2\right\} \\
&= K\mathrm{e}^{-r\tau_2} \sum_{m=0}^{\infty}\sum_{n=0}^{\infty} \frac{\lambda^m \tau_1^m \lambda^n (\tau_2-\tau_1)^n}{m!n!} \mathrm{e}^{-\lambda\tau_2} N(d_3, d_4, \rho) \qquad (5.35)
\end{aligned}
$$

$$
\begin{aligned}
\text{II} &= \mathrm{e}^{-r\tau_2} E^{P^*}\left[(S_T - S_{t_1}) I_{\{S_{t_1}<K, S_T \geqslant S_{t_1}\}}\right] \\
&= \mathrm{e}^{-r\tau_2} E^{P^*}\left[S_T I_{\{S_{t_1}<K, S_T \geqslant S_{t_1}\}}\right] - \mathrm{e}^{-r\tau_2} E^{P^*}\left[S_{t_1} I_{\{S_{t_1}<K, S_T \geqslant S_{t_1}\}}\right] \\
&= \text{II}_1 - \text{II}_2 \qquad (5.36)
\end{aligned}
$$

$$
\begin{aligned}
\text{II}_1 &= \mathrm{e}^{-r\tau_2} E^{P^*}\left[S\exp\Big((k\tau_2 + \sigma(W_T - W_t) + \sum_{i=0}^{N_T}\ln(1+V_i)\Big) I_{\{S_{t_1}<K, S_T \geqslant S_{t_1}\}}\right] \\
&= \mathrm{e}^{(k-r)\tau_2} S \sum_{m=0}^{\infty}\sum_{n=0}^{\infty} \frac{\lambda^m \tau_1^m \lambda^n (\tau_2-\tau_1)^n \mathrm{e}^{-\lambda\tau_2}}{m!n!} E^{P^*}\left[\mathrm{e}^{\eta} I_{\{X_0+Y_0<\ln\frac{K}{S}-k\eta, X_1+Y_1\geqslant -k(\tau_2-\eta)\}}\right] \\
&= \mathrm{e}^{(k-r)\tau_2} S \sum_{m=0}^{\infty}\sum_{n=0}^{\infty} \frac{\lambda^m \tau_1^m \lambda^n (\tau_2-\tau_1)^n \mathrm{e}^{-\lambda\tau_2}}{m!n!} E^{P^*}\left[\mathrm{e}^{X_0+Y_0} I_{\{X_0+Y_0<\ln\frac{K}{S}-k\eta\}}\right] \cdot \\
&\quad E^{P^*}\left[\mathrm{e}^{X_1+Y_1} I_{\{X_1+Y_1\geqslant -k(\tau_2-\eta)\}}\right] \\
&= \mathrm{e}^{(k-r)\tau_2} S \sum_{m=0}^{\infty}\sum_{n=0}^{\infty} \frac{\lambda^m \tau_1^m \lambda^n (\tau_2-\tau_1)^n \mathrm{e}^{-\lambda\tau_2}}{m!n!} \mathrm{e}^{\frac{\sigma^2}{2}(\tau_2-\tau_1)} (1+h)^n \Phi(d_5) \mathrm{e}^{\frac{\sigma^2}{2}\tau_1} \Phi(d_6) \\
&= \sum_{m=0}^{\infty}\sum_{n=0}^{\infty} \frac{\lambda^m \tau_1^m \lambda^n (\tau_2-\tau_1)^n \mathrm{e}^{-\lambda\tau_2}}{m!n!} S\mathrm{e}^{-(q+\lambda h)\tau_2} (1+h)^{n+m} \Phi(d_5)\Phi(d_6) \qquad (5.37)
\end{aligned}
$$

$$
\begin{aligned}
\text{II}_2 &= \mathrm{e}^{-r\tau_2} E^{P^*}\left[S_{t_1} I_{\{S_{t_1}<K, S_T \geqslant S_{t_1}\}}\right] \\
&= \mathrm{e}^{-r\tau_2} E^{P^*}\left[S\exp\Big((k\tau_1 + \sigma(W_{t_1} - W_t) + \sum_{i=0}^{N_\eta}\ln(1+V_i)\Big) I_{\{S_{t_1}<K, S_T \geqslant S_{t_1}\}}\right] \\
&= \mathrm{e}^{-r\tau_2} S \sum_{m=0}^{\infty}\sum_{n=0}^{\infty} \frac{\lambda^m \tau_1^m \lambda^n (\tau_2-\tau_1)^n \mathrm{e}^{-\lambda\tau_2}}{m!n!} \mathrm{e}^{-k\tau_1} E^{P^*}\left[\mathrm{e}^{X_0+Y_0} I_{\{X_0+Y_0<\ln\frac{K}{S}-k\tau_1\}}\right] \cdot \\
&\quad P^*\left[X_1 + Y_1 \geqslant -k(\tau_2-\tau_1)\right] \\
&= \sum_{m=0}^{\infty}\sum_{n=0}^{\infty} \frac{\lambda^m \tau_1^m \lambda^n (\tau_2-\tau_1)^n \mathrm{e}^{-\lambda\tau_2}}{m!n!} S\mathrm{e}^{-r\tau_2+(r-q-\lambda h)\tau_1} (1+h)^m \Phi(d_5)\Phi(d_7) \\
&\qquad (5.38)
\end{aligned}
$$

由式(5.32)～(5.38)，即可证得定理。

5.3 更新跳扩散模型下欧式期权的定价

5.3.1 Gamma分布及其性质

定义5.7 若随机变量 X 有概率密度函数

$$f(x)=\frac{\lambda^{b}}{\Gamma(b)}x^{b-1}\mathrm{e}^{-\lambda x}I_{\{x>0\}}$$

则 X 称服从Gamma分布，记作 $X\sim\Gamma(b,\lambda)$，b 称为形状参数，λ 称为尺度参数，且 $b>0,\lambda>0$，其中函数 $\Gamma(b)=\int_0^{+\infty}x^{b-1}\mathrm{e}^{-\lambda x}\mathrm{d}x$。

当 $b=1$ 时，$f(x)=\lambda\mathrm{e}^{-\lambda x}I_{\{x>0\}}$，这时 $\Gamma(1,\lambda)$ 就是参数为 λ 的指数分布；当 $b=n$ 时，$f(x)=\frac{\lambda^{n}}{(n-1)!}x^{n-1}\mathrm{e}^{-\lambda x}I_{\{x>0\}}$，这时 $\Gamma(n,\lambda)$ 为Erlang分布，且有 $\Gamma(n,\lambda)=Erl(n,\lambda)$；当 $b=\frac{n}{2},\lambda=\frac{1}{2}$ 时，$f(x)=\frac{(1/2)^{n}}{\Gamma(n/2)}x^{\frac{n}{2}-1}\mathrm{e}^{-\frac{1}{2}x}I_{\{x>0\}}$，这时 $\Gamma(n/2,x/2)$ 为自由度 n 的 χ^2 分布。

定义5.8 若 $Y_1,Y_2\cdots$ 是独立同分布的随机变量序列，且 $Y_i\sim\Gamma(b,\lambda)$，令变量 $\omega_n=\sum_{i=1}^{n}Y_i$，则计数过程 $N_t=\sup\{n|\omega_n\leqslant t,t\geqslant 0\}$ 是一类特殊的更新过程。

引理5.1 若 $X\sim\Gamma(b,\lambda)$，则 X 的数学期望和方差分别为：$E(X)=\frac{b}{\lambda}$，$D(X)=\frac{b}{\lambda^2}$。

引理5.2 若 $X_1,X_2,\cdots,X_n$ 是独立同分布的随机变量，且 $X_i\sim\Gamma(b_i,\lambda)$，$i=1,2,\cdots,n$，则 $\sum_{i=1}^{n}X_i\sim\Gamma\left(\sum_{i=1}^{n}b_i,\lambda\right)$。

引理5.3 设 $N_t=\sup\{n|\omega_n\leqslant t,t\geqslant 0\}$ 为定义5.8中的更新过程，则

$$P(N_t=n)=\frac{\lambda^{nb}}{\Gamma(nb)}\int_0^t x^{nb-1}\mathrm{e}^{-\lambda x}\mathrm{d}x-\frac{\lambda^{(n+1)b}}{\Gamma((n+1)b)}\int_0^t x^{(n+1)b-1}\mathrm{e}^{-\lambda x}\mathrm{d}x,\ n=0,1,\cdots \tag{5.39}$$

而当 $b\in N^+$ 时,

$$P(N_t=n)=\sum_{j=1}^{b}\frac{(\lambda t)^{(n+1)b-j}}{((n+1)b-j)!}\mathrm{e}^{-\lambda t},n=0,1,\cdots \tag{5.40}$$

特殊地,当 $b=1$ 时,

$$P(N_t=n)=\frac{(\lambda t)^n}{n!}\mathrm{e}^{-\lambda t},n=0,1,\cdots \tag{5.41}$$

证明　根据引理 5.2, $\omega_n=\sum_{i=1}^{n}Y_i\sim\Gamma(na,\lambda)$, 显然其概率密度函数为

$$f(x)=\frac{\lambda^{nb}}{\Gamma(nb)}x^{nb-1}\mathrm{e}^{-\lambda x}I_{\{x>0\}}$$

$$\begin{aligned}P(N_t=n)&=P(N_t\geqslant n)-P(N_t\geqslant n+1)=P(\omega_n\leqslant t)-P(\omega_{n+1}\leqslant t)\\&=\int_0^t\frac{\lambda^{nb}}{\Gamma(nb)}x^{nb-1}\mathrm{e}^{-\lambda x}\mathrm{d}x-\int_0^t\frac{\lambda^{(n+1)b}}{\Gamma((n+1)b)}x^{(n+1)b-1}\mathrm{e}^{-\lambda x}\mathrm{d}x\\&=\frac{\lambda^{nb}}{\Gamma(nb)}\int_0^t x^{nb-1}\mathrm{e}^{-\lambda x}\mathrm{d}x-\frac{\lambda^{(n+1)b}}{\Gamma((n+1)b)}\int_0^t x^{(n+1)b-1}\mathrm{e}^{-\lambda x}\mathrm{d}x\end{aligned}$$

而当 $b\in N^+$ 时,

$$\begin{aligned}P(N_t=n)&=\frac{\lambda^{nb}}{(nb-1)!}\int_0^t x^{nb-1}\mathrm{e}^{-\lambda x}\mathrm{d}x-\frac{\lambda^{(n+1)b}}{((n+1)b-1)!}\int_0^t x^{(n+1)b-1}\mathrm{e}^{-\lambda x}\mathrm{d}x\\&=\frac{\lambda^{nb}}{(nb-1)!}\int_0^t x^{nb-1}\mathrm{e}^{-\lambda x}\mathrm{d}x+\sum_{j=1}^{b}\frac{(\lambda t)^{(n+1)b-j}}{((n+1)b-j)!}\mathrm{e}^{-\lambda x}-\\&\quad\frac{\lambda^{nb}}{(nb-1)!}\int_0^t x^{nb-1}\mathrm{e}^{-\lambda x}\mathrm{d}x\\&=\sum_{j=1}^{b}\frac{(\lambda t)^{(n+1)b-j}}{((n+1)b-j)!}\mathrm{e}^{-\lambda t}\end{aligned}$$

把 $b=1$ 代入上式即可得(5.41)。

5.3.2 更新跳扩散模型

在期权定价的过程中,红利可以定义为在除权日由红利支付引起的标的资产价格的减少额。在第 4 章中,我们给出了 B-S 模型下支付红利的期权定价模型及其求解,现在更新跳扩散模型基础上,考虑有红利支付的期权定价模型。

考虑一个具有两个资产(B_t,S)金融市场,无风险债券价格 B_t 满足微分方程

$$dB_t = rB_t dt, B_0 = 1$$

则有 $B_t = e^{rt}$,r 为无风险利率。在既定的金融市场中,标的资产价格 S_t 满足随机微分方程

$$\frac{dS_t}{S_t} = (\mu - q)dt - \upsilon d\sum_{n=0}^{\infty} n dp_n(t) + \sigma dZ_t + VdN_t \tag{5.42}$$

其中,μ 是标的资产收益率,q 为连续红利率,σ 是标的资产价格的波动率,Z_t 是测度 P 下的标准布朗运动,V 是标的资产价格发生跳跃时的跳跃幅度,$\upsilon d\sum_{n=0}^{\infty} n dp_n(t)$ 是由更新跳跃带来的平均增长。

(5.42)式的 Doleanse-Dade 指数解为

$$S_t = S\prod_{i=0}^{N_t}(1+V_i)\exp\left[\left(\mu - q - \frac{1}{2}\sigma^2\right)t + \sigma Z_t + \upsilon\sum_{n=0}^{\infty} np_n(t)\right] \tag{5.43}$$

其中,V_i 为 t_i 时刻标的资产价格的相对跳跃高度,V_1,V_2,…是独立同分布的随机变量。

我们知道,衍生证券定价的中心问题是,寻找测度 Q 使标的资产价格的折现过程在该测度下为鞅,则该衍生物的价格就是这个测度下的期望折现值。设未定权益在时刻 T 的值为 X,下面构造标的资产和无风险债券投资组合策略来复制该未定权益,进而给出在任意时刻的价格 P_t。

引理 5.4 (Girsanov 表示定理)设 M_t 是 Q 鞅,其波动率 σ_t 满足 $P(\sigma_t \neq 0) = 1$,R_t 为任意 Q 鞅,则存在一个 $F-$可料过程 φ_t,使$\int_0^t \varphi_t^2\sigma_t^2 dt < \infty$,且有 $R_t = R_0 + \int_0^t \varphi_s dM_s$。

设(φ_t,ψ_t)为标的资产 S_t 和无风险债券 B_t 的组合,U_t 为在时刻 t 组合的价值,且 $U_t = \varphi_t S_t + \psi_t B_t$,则由定理 5.1,可以找到一个测度 Q,使得 $Q_t = B_t^{-1}S_t$ 为 Q 鞅,且有

$$Q_t = B_t^{-1}S_t = S\prod_{i=0}^{N_t}(1+V_i)\exp\left[\left(\mu - q - r - \frac{1}{2}\sigma^2\right)t + \sigma Z_t + \upsilon\sum_{n=0}^{\infty} np_n(t)\right]$$

由 Ito 定理得

$$dQ_t = Q_t\left[(\mu - q - r)dt + \sigma dZ_t + VdN_t - \upsilon d\sum_{n=0}^{\infty} np_n(t)\right]$$

取 $\kappa=\frac{\mu-q-r}{\sigma}$，结合定理 5.1，存在测度 Q，使得 $Z_t^* = Z_t + \kappa t$ 为 Q 布朗运动，因此有

$$dQ_t = Q_t\left[\sigma dZ_t^* + VdN_t - \upsilon d\sum_{n=0}^{\infty} np_n(t)\right]$$

所以 Q_t 为 Q 鞅。

进一步，将未定权益 X 转化为 Q 鞅：$E_t = E_Q(B_T^{-1}X \mid F_t)$，根据引理 5.4，寻找一个 F－可料过程 φ_t，使 $dE_t = \varphi_t dQ_t$，则任意 t 时刻持有 φ_t 数量的标的资产，$\varphi_t = E_t - \varphi_t Q_t$ 数量的无风险债券。因此

$$\begin{aligned}U_t &= \varphi_t S_t + \psi_t B_t = \varphi_t B_t Q_t + \psi_t B_t = B_t E_t = B_t E_Q(B_T^{-1}X \mid F_t)\\ &= e^{-r(T-t)} E_Q(X \mid F_t)\end{aligned}$$

在 T 时刻组合的值为：$U_t = B_t E_t = B_t E_Q(B_T^{-1}X \mid F_t) = X$。

很显然，这样的组合（φ_t，ψ_t）正好复制了未定权益，使在任意 t 时刻组合的价值 U_t 为套利价格，也就是在任意时刻 t，未定权益都有套利价格 U_t。

引理 5.5　对一个任意给定的时刻 T，收益为 X 的未定权益，则它在任意 t 时刻均有套利价格 $U_t = B_t E_t = e^{-r(T-t)} E_Q(X \mid F_t)$，其中测度 Q 使得折现标的资产价格过程 $Q_t = B_t^{-1} S_t$ 为 Q 鞅。

5.3.3　更新跳扩散模型下的期权定价

定理 5.8　在更新跳扩散模型(5.42)中，欧式看涨期权在 t 时刻的价格 $C_g(S, K, T, t)$ 是

$$\begin{aligned}C_g(S,K,T,t) = \sum_{i=0}^{\infty} P_i(T-t)\tau_i[S\prod_{j=0}(1+V_j)e^{-q(T-t)-\upsilon\sum_{n=0}^{\infty} nP_n(T-t)}\Phi(b_1) -\\ Ke^{-r(T-t)}\Phi(b_2)]\end{aligned} \tag{5.44}$$

其中

$$b_1 = \frac{\ln\dfrac{S\prod_{j=0}^{i}(1+V_j)}{K} + \left(r - q + \dfrac{1}{2}\sigma^2\right)(T-t) - \upsilon\sum_{n=0}^{\infty} nP_n(T-t)}{\sigma\sqrt{T-t}}$$

$$b_2 = b_1 - \sqrt{\sigma^2(T-t)}$$

证明 令 $\kappa=\dfrac{\mu-r}{\sigma}$，则 $Z_t^*=Z_t+\kappa t$，且式(5.42)和(5.43)变为

$$
\mathrm{d}S_t = S_t(r-q)\mathrm{d}t - \upsilon S_t \mathrm{d}\sum_{n=0}^{\infty} np_n(t) + VS_t\mathrm{d}N_t + \sigma S_t Z_t^*
$$

$$
S_t = S\prod_{i=0}^{N_t}(1+V_i)\exp\left[\left(r-q-\frac{1}{2}\sigma^2\right)t+\sigma Z_t^* - \upsilon\sum_{n=0}^{\infty} np_n(t)\right]
$$

在风险中性测度 Q 下，$Z_t^* \sim N(0,T)$，因此

$$
\sigma Z_t^* + \left(r-q-\frac{1}{2}\sigma^2\right)T \sim N\left(\left(r-q-\frac{1}{2}\sigma^2\right)T,\sigma^2 T\right)
$$

$$
S_t = S\prod_{i=0}^{N_t}(1+V_i)\exp\left[(r-q)T+W-\upsilon\sum_{n=0}^{\infty} np_n(t)\right]
$$

这里，$W\sim N(-\frac{1}{2}\sigma^2 T,\sigma^2 T)$。

在等价鞅测度下，欧式看涨期权的价格

$$
\begin{aligned}
C_{\mathrm{g}}(S,K,T,t) &= \mathrm{e}^{-r(T-t)}((S_T-K)^+) \\
&= \mathrm{e}^{-r(T-t)}E_Q\left\{\left(S\prod_{i=0}^{N_{T-t}}(1+V_i)\exp\left[(r-q)(T-t)+\right.\right.\right. \\
&\quad \left.\left.\left. W-\upsilon\sum_{n=0}^{\infty} np_n(T-t)\right]-K\right)^+\right\} \\
&= \sum_{i=0}^{\infty} P_i(T-t)\tau_i\left\{\frac{1}{\sqrt{2\pi\sigma^2(T-t)}}\int_{1n\frac{K}{S\prod_{j=0}^{i}(1+V_j)}-(r-q)(T-t)+\upsilon\sum_{n=0}^{\infty}nP_n(T-t)}^{\infty}\right. \\
&\quad \left(S\prod_{j=0}^{i}(1+V_j)\mathrm{e}^{-q(T-t)}\exp\left(y-\upsilon\sum_{n=0}^{\infty}nP_n(T-t)\right)-\right. \\
&\quad \left.\left.K\mathrm{e}^{-r(T-t)}\right)\exp\left(\frac{-\left(y+\frac{\sigma^2(T-t)}{2}\right)^2}{2\sigma^2(T-t)}\right)\mathrm{d}x\right\}
\end{aligned}
$$

作变量替换 $m=\dfrac{y+\dfrac{\sigma^2(T-t)}{2}}{\sigma(T-t)}$，则上式

$$
=\sum_{i=0}^{\infty}P_i(T-t)\tau_i\left\{\frac{1}{\sqrt{2\pi\sigma^2(T-t)}}\int_{\frac{\ln\frac{K}{S\prod_{j=0}^{i}(1+V_j)}-(r-q)(T-t)+\frac{\sigma^2(T-t)}{2}+\upsilon\sum_{n=0}^{\infty}nP_n(T-t)}{\sigma(T-t)}}^{\infty}\right.
$$

$$
\left[S\prod_{j=0}^{i}(1+V_j)\mathrm{e}^{-q(T-t)}\exp\left(\sigma\sqrt{T-tm}-\frac{\sigma^2(T-t)}{2}-\right.\right.
$$

$$
\left.\left.\left.\upsilon\sum_{n=0}^{\infty}nP_n(T-t)\right)-K\mathrm{e}^{-r(T-t)}\right]\exp\left(\frac{-m^2}{2}\right)\mathrm{d}m\right\}
$$

$$
\overset{u=-m}{=}\sum_{i=0}^{\infty}P_i(T-t)\tau_i\left\{\frac{1}{\sqrt{2\pi}}S\prod_{j=0}^{i}(1+V_j)\mathrm{e}^{-q(T-t)}\int_{-\infty}^{\frac{\ln\frac{S\prod_{j=0}^{i}(1+V_j)}{K}+(r-q)(T-t)-\frac{\sigma^2(T-t)}{2}-\upsilon\sum_{n=0}^{\infty}nP_n(T-t)}{\sigma(T-t)}}\right.
$$

$$
\exp\left[-\upsilon\sum_{n=0}^{\infty}nP_n(T-t)-\frac{(u+\sigma\sqrt{T-t})^2}{2}\right]\mathrm{d}u-
$$

$$
\left.K\mathrm{e}^{-r(T-t)}\Phi\left(\frac{\ln\frac{S\prod_{j=0}^{i}(1+V_j)}{K}+(r-q-\frac{\sigma^2}{2})(T-t)-\upsilon\sum_{n=0}^{\infty}nP_n(T-t)}{\sigma\sqrt{T-t}}\right)\right\}
$$

$$
\overset{v=u+\sigma\sqrt{T-t}}{=}\sum_{i=0}^{\infty}P_i(T-t)\tau_i\left\{\frac{1}{\sqrt{2\pi}}S\prod_{j=0}^{i}(1+V_j)\mathrm{e}^{-q(T-t)}\int_{-\infty}^{\frac{\ln\frac{S\prod_{j=0}^{i}(1+V_j)}{K}+(r-q)(T-t)+\frac{\sigma^2(T-t)}{2}-\upsilon\sum_{n=0}^{\infty}nP_n(T-t)}{\sigma\sqrt{(T-t)}}}\right.
$$

$$
\left.\exp\left[-\upsilon\sum_{n=0}^{\infty}nP_n(T-t)-\frac{v^2}{2}\right]\mathrm{d}v-K\mathrm{e}^{-r(T-t)}\Phi(b_2)\right\}
$$

$$
=\sum_{i=0}^{\infty}P_i(T-t)\tau_i\left[S\prod_{j=0}^{i}(1+V_j)\mathrm{e}^{-q(T-t)}\,\mathrm{e}^{-\sum_{n=0}^{\infty}nP_n(T-t)}\cdot\right.
$$

$$\Phi\left(\frac{\ln \frac{S\prod_{j=0}^{i}(1+V_j)}{K}+(r-q)(T-t)+\frac{\sigma^2(T-t)}{2}-\upsilon\sum_{n=0}^{\infty}nP_n(T-t)}{\sigma\sqrt{(T-t)}}\right)-Ke^{-r(T-t)}\Phi(b_2)\Bigg]$$

$$=\sum_{i=0}^{\infty}P_i(T-t)\tau_i\Bigg[S\prod_{j=0}(1+V_j)e^{-q(T-t)-\upsilon\sum_{n=0}^{\infty}nP_n(T-t)}\Phi(b_1)-Ke^{-r(T-t)}\Phi(b_2)\Bigg]$$

定理 5.8 得证。

如果在期权有效期期间红利率 q 是变化的，则令 q 等于期权有效期中的平均红利。在欧式看涨期权的定价公式(5.44)中，不含 μ，进一步说明 Q 为风险中性测度，排除了投资者的风险偏好。

由看涨-看跌期权的平价关系

$$C(S,t)+Ke^{-r(T-t)}=P(S,t)+Se^{-q(T-t)}$$

可得更新跳扩散模型下，看跌期权在 t 时刻的价格 $P(S,K,T,t)$是

$$\begin{aligned}P(S,K,T,t)=&\sum_{i=0}^{\infty}P_i(T-t)\tau_i\Bigg[Ke^{-r(T-t)}\Phi(-b_2)-\\&S\prod_{j=0}^{i}(1+V_i)e^{-q(T-t)-\upsilon\sum_{n=0}^{\infty}nP_n(T-t)}\Phi(-b_1)\Bigg]\end{aligned}$$

其中 b_1,b_2 同(5.44)。

第6章 双指数跳扩散模型下的期权定价

虽然 Merton 跳扩散模型对 Black-Scholes 模型做了许多实质性改进，克服了描述资产价格市场变化的不足之处。但 Merton 模型的期权定价结果仍与实际统计数据分析有较大差异，尤其是在路径依赖型期权的定价方面，很难得到显示解析式。主要原因是描述股价收益分布仍为正态，而股价对称、正态分布的假设不能完全符合资产实际的波动。2000 年，S. G. Kou 教授将 Merton 模型中 Y_i 的分布推广到双指数分布，即

$$f_Y(y) = p\eta_1 e^{-\eta_1 y} I_{\{y \geqslant 0\}} + q\eta_2 e^{\eta_2 y} I_{\{y<0\}}$$

其中 $\eta_1>0$，$\eta_2>0$，p、$q\geqslant 0$，$p+q=1$ 表示上跳或下跳的概率，该模型称为双指数跳扩散模型(double exponential jump diffusion model)。Kou 在他的论文中比较了该模型具有不同于 Merton 模型的特征：①股价的跳跃高度是非对称的；②无记忆性。同时他指出：该模型在解决路径依赖型期权方面易于处理，定价结果接近实际且能得到显示解。后来 Kou 等进一步研究了首达时分布和障碍、回望、美式永久期权的定价，得到了显示解及有限时间区间内美式期权定价近似解。A. Sepp[53] 利用 Laplace 变换讨论了双障碍期权的定价，给出了显示解。邓国和[33] 在利率满足 Short-Long 非线性及随机波动率模型下利用 Fourier 变换也得到了定价公式。可以看到，双指数跳扩散模型不仅具有跳扩散模型在描述资产价格变化方面的优势(即能刻画市场的突变性，充分反映股价上、下跳信息)，而且在实际期权定价问题上有其独特作用。因此，容易想到，在该模型下，研究数学金融学问题是十分必要的，也具有重要理论和实践意义。尽管双指数跳扩散模型是 Levy 过程的特殊情形，但要得到类似于扩散模型、Merton 模型或 Levy 过程的类似结果可能不是一件容易的事情，要困难一些，在处理方法上可能不一定是通用的，结果可能有一些新变化和特点。

由于影响金融市场的因素很多，诸如市场的突发性、股价回报与波动率、市场各种因素(如利率，通货膨胀等)的不确定性、交易费、投资者的财富结构与消费行为等，称这些影响资产价格波动及市场结构环境的因素为市场结构风险(market structure risks)。市场结构风险的波动变化,对金融衍生产品的定价或组合投资决策有着重要影响。过去基于 Black-Scholes 模型,Merton 模型或 Levy 过程的数学金融问题研究大多数是考虑某单个市场因素的影响。然而,纯粹考虑单个市场因素的作用是不能迅速反映市场结构,也不符合实际市场要求的。因此,我们有充足的理论认为,综合双指数跳扩散模型与市场结构风险两者优势,考虑较广泛的金融市场组合模型更能充分地反映市场实际的变化规律。但是,在该组合模型下研究数学金融问题的并不多见,而要得到闭式解可能困难一些。

期权是数学金融学研究中最广泛的一种工具,其定价是核心研究内容之一。我们知道,期权价格是依附于某随机变化的资产价格,许多期权定价的研究都是基于 Black-Scholes 扩散模型,但其结果与实际市场数据存在较大偏差。为了克服该模型的不足,1976 年 Merton 引入了跳扩散过程,来解释资产价格波动的过度尖峰厚尾现象,并得到了类似 Black-Scholes 公式的期权价格。尽管 Merton 的研究使期权价格更符合实际,但资产价格的跳跃幅度仍假设服从正态分布,描述的是对称信息的价格变化,与实际统计数据分析的非对称、非高斯分布特征有差异。因此,Kou 考虑跳跃幅度服从非对称的双指数分布,推广了 Merton 结果。本章我们首先介绍 Kou 的双指数跳扩散模型;其次利用鞅方法重新推导欧式定价公式,并通过数据计算,分析跳风险参数对期权价格的影响;再次研究期权隐含波动率及投资定价的偏差现象;最后给出在双指数跳扩散模型下障碍期权、回望期权等奇异期权的定价公式。

6.1 双指数跳扩散模型

考虑一个无摩擦、无套利、可连续交易的不完全金融市场。假定市场存在两种可供选择的资产(B,S),交易时间为$[0,T]$。给定一个满足通常条件,σ-域的完备概率空间(Ω,F,F_t,P),设其上定义了市场三种不确定性源:F_t—适应的标准布朗运动$W=\{W_t,t\in[0,T]\}$;与W独立且具有强度参数为正常数λ的 Poisson 过程$N=\{N_t,t\in[0,T]\}$;与W,N独立的跳跃比例随机变量序列$J=\{J_i,i=1,2,\cdots\}$。定义$F_t=F_t^W\vee F_t^N$,其中F_t^W,F_t^N分别由$\{W_s;s\leqslant t\}$和$\{N_s;s\leqslant t\}$产生的右连续完备σ-代数。

由于市场无套利,风险中性测度存在,市场不完全,风险中性概率测度不唯一。

因此可以选定一个特殊的风险中性测度，使得市场内所有资产的折现期望在此测度下为鞅。不失一般性，不妨设 P 就为风险中性概率测度。现假定资产 B（称为无风险资产，如债券或存款）和资产 S（称为风险资产，如股票）的价格变化分别满足

$$\frac{\mathrm{d}B_t}{B_t} = r\mathrm{d}t\ , \quad B_0 = 1 \tag{6.1}$$

$$\frac{\mathrm{d}S_t}{S_t} = (r - \lambda k)\mathrm{d}t + \sigma\mathrm{d}W_t + \mathrm{d}\Big[\sum_{i=1}^{N_t}(J_i - 1)\Big]\ , S_0 = S > 0 \tag{6.2}$$

其中 $r>0$ 为常利率，$\sigma>0$ 是资产价格波动率；W_t 是标准布朗运动，N_t 是强度为 λ 的泊松过程，且两者相互独立；$\{J_i, i=1,2,\cdots\}$ 是 (Ω, F, P) i. i. d. 的非负随机变量序列，描述了资产价格跳跃比例；用 J 泛指任一 J_i，$k=E[J-1]$；记并假定 $Y=\ln(J)$ 服从双指数分布，密度函数为

$$f_Y(y) = p\eta_1\mathrm{e}^{-\eta_1 y}I_{\{y\geqslant 0\}} + q\eta_2\mathrm{e}^{\eta_2 y}I_{\{y<0\}} \tag{6.3}$$

其中 $\eta_1 > 0, \eta_2 > 0, p、q \geqslant 0, p + q = 1$ 表示资产价格上跳或下跳时的概率。该模型即为双指数跳扩散模型（double exponential jump-diffusion model，DexpJ）。由 Ito 公式，(6.2)可写成

$$\ln\left(\frac{S_t}{S_0}\right) = (r - \frac{1}{2}\sigma^2 - \lambda k)t + \sigma W_t + \sum_{i=1}^{N_t} Y_i \tag{6.4}$$

令 $Z(t) = \mu t + \sigma W_t + \sum\limits_{i=1}^{N_t} Y_i$，则由全概率公式得

$$\begin{aligned} P(Z(t) \geqslant a) &= \sum_{n=0}^{\infty} P(N(t) = n) P(\mu t + \sigma W_t + \sum_{i=1}^{N_t} Y_i \geqslant x \mid N_t = n) \\ &= \sum_{n=0}^{\infty} \frac{(\lambda t)^n \mathrm{e}^{-\lambda t}}{n!} P(\mu t + \sigma W_t + \sum_{i=1}^{N_t} Y_i \geqslant a) \\ &= \Upsilon(\mu, \sigma, \lambda, p, \eta_1, \eta_2; a, t) \end{aligned} \tag{6.5}$$

其中 a 为任意实数。为了求得(6.5)，需计算 $P(\mu t + \sigma W_t + \sum\limits_{i=1}^{N_t} Y_i \geqslant a)$，为此 Kou 利用 Hh 函数与指数分布的无后效性特点得到了该分布函数的表达式。

定义 6.1 （Hh 函数）对任意 $n\geqslant 0$，Hh 函数定义如下：

$$\mathrm{Hh}_n(x)=\int_x^{\infty} Hh_{n-1}(y)\mathrm{d}y=\frac{1}{n!}\int_x^{\infty}(t-x)^n\mathrm{e}^{-t^2/2}\mathrm{d}t\geqslant 0,n=0,1,2,\cdots$$

$$\mathrm{Hh}_{n-1}(x)=\mathrm{e}^{-x^2/2}=\sqrt{2\pi}\varphi(x),\ Hh_0(x)=\sqrt{2\pi}N(-x)$$

$$\varphi(x)=\frac{1}{\sqrt{2\pi}}\mathrm{e}^{-x^2/2},\ N(x)=\int_{-\infty}^{x}\varphi(y)\mathrm{d}y$$

显然，Hh 函数是一个非增函数且满足递归关系式：

$$n\mathrm{Hh}_n(x)=\mathrm{Hh}_{n-2}(x)-\mathrm{Hh}_{n-1}(x),n=1,2,\cdots$$

以此可以求出 Hh 函数表达式或数值计算。

引理 6.1 对任意 $n\geqslant 1$，有

$$\sum_{i=1}^{n}Y_i\overset{d}{=}\begin{cases}\sum\limits_{i=1}^{k}\xi_i^+,\text{以概率 }P_{n,k},k=1,2,3,\cdots\\-\sum\limits_{i=1}^{k}\xi_i^-,\text{以概率 }Q_{n,k},k=1,2,3,\cdots\end{cases}$$

其中 $P_{n,k}$，$Q_{n,k}$定义为：

$$P_{n,k}=\sum_{i=k}^{n-1}\mathrm{C}_{n-k-1}^{i-k}\mathrm{C}_n^i\cdot\left(\frac{\eta_1}{\eta_1+\eta_2}\right)^{i-k}\left(\frac{\eta_2}{\eta_1+\eta_2}\right)^{n-i}p^iq^{n-i},1\leqslant k\leqslant n-1$$

$$Q_{n,k}=\sum_{i=k}^{n-1}\mathrm{C}_{n-k-1}^{i-k}\mathrm{C}_n^i\cdot\left(\frac{\eta_1}{\eta_1+\eta_2}\right)^{n-i}\left(\frac{\eta_2}{\eta_1+\eta_2}\right)^{i-k}p^{n-i}q^i,1\leqslant k\leqslant n-1$$

$$P_{n,n}=p^n,Q_{n,n}=q^n$$

ξ_i^+，ξ_i^- 是 i. i. d. 指数分布随机变量列且参数分别为 $\eta_1,\eta_2>0$。

引理 6.2 设$\{\xi_1,\xi_2,\cdots\}$是参数为 $\eta>0$ 的 i. i. d. 指数分布的随机变量列，正态随机变量 $Z\sim N(0,\sigma^2)$且 Z 与$\{\xi_i,i=1,2,\cdots\}$独立，则

(1)概率密度函数

$$f_{Z+\sum_{i=1}^{n}\xi_i}(t)=(\sigma\eta)^n\frac{\mathrm{e}^{(\sigma\eta)^2/2}}{\sqrt{2\pi}\sigma}\mathrm{e}^{-\eta t}\mathrm{Hh}_{n-1}\left(-\frac{t}{\sigma}+\sigma\eta\right)$$

$$f_{Z-\sum_{i=1}^{n}\xi_i}(t)=(\sigma\eta)^n\frac{\mathrm{e}^{(\sigma\eta)^2/2}}{\sqrt{2\pi}\sigma}\mathrm{e}^{\eta t}\mathrm{Hh}_{n-1}\left(\frac{t}{\sigma}+\sigma\eta\right)$$

(2)尾概率分布函数

$$P(Z+\sum_{i=1}^{n}\xi_i \geqslant a)=(\sigma\eta)^n \frac{e^{(\sigma\eta)^2/2}}{\sqrt{2\pi\sigma}} I_{n-1}(a;-\eta,-\frac{1}{\sigma},-\sigma\eta)$$

$$P(Z-\sum_{i=1}^{n}\xi_i \geqslant a)=(\sigma\eta)^n \frac{e^{(\sigma\eta)^2/2}}{\sqrt{2\pi\sigma}} I_{n-1}(a;\eta,\frac{1}{\sigma},-\sigma\eta)$$

这里 $I_n(a_1,a_2,a_3,a_4)=\int_{a_1}^{\infty} e^{a_2 x}\mathrm{Hh}_n(a_3 x-a_4)\mathrm{d}x, n\geqslant 0$。

定理 6.1　若 Y 的分布为(6.3),则

$$\begin{aligned}
P(Z(T)\geqslant a) &= \sum_{n=1}^{\infty}\frac{(\lambda T)^n e^{-\lambda T}}{n!}\sum_{k=1}^{n}P_{n,k}P(\mu T+\sigma\sqrt{T}Z+\sum_{i=1}^{k}\xi_i^+\geqslant a)\\
&+\sum_{n=1}^{\infty}\frac{(\lambda T)^n e^{-\lambda T}}{n!}\sum_{k=1}^{n}Q_{n,k}P(\mu T+\sigma\sqrt{T}Z-\sum_{i=1}^{k}\xi_i^+\geqslant a)\\
&+e^{-\lambda T}P(\mu T+\sigma\sqrt{T}Z\geqslant a)\\
&=\frac{e^{(\sigma\eta_1)^2 T/2}}{\sqrt{2\pi T}\sigma}\sum_{n=1}^{\infty}\frac{(\lambda T)^n e^{-\lambda T}}{n!}\sum_{k=1}^{n}(\sigma\sqrt{T}\eta_1)^k P_{n,k}I_{k-1}(a-\mu T;-\eta_1,-\frac{1}{\sigma\sqrt{T}},-\sigma\sqrt{T}\eta_1)\\
&+\frac{e^{(\sigma\eta_2)^2 T/2}}{\sqrt{2\pi T}\sigma}\sum_{n=1}^{\infty}\frac{(\lambda T)^n e^{-\lambda T}}{n!}\sum_{k=1}^{n}(\sigma\sqrt{T}\eta_2)^k Q_{n,k}I_{k-1}(a-\mu T;\eta_2,\frac{1}{\sigma\sqrt{T}},-\sigma\sqrt{T}\eta_2)\\
&+e^{-\lambda T}N(-\frac{a-\mu T}{\sigma\sqrt{T}})
\end{aligned}$$

6.2　欧式期权定价

6.2.1　鞅及其相关知识

定义 6.2(鞅的定义)　$(F_t)_{t\geqslant 0}$是概率空间(Ω,F,P)上的一个 σ-域,一个具有有限均值的可积随机变量的适应族$(X_t)_{t\geqslant 0}$,即对于 $\forall t, E(|X_t|)<+\infty$,我们称$(X_t)_{t\geqslant 0}$是一个鞅,如果对于所有的 $s\leqslant t$ 都有

$$E(X_t|F_s)=X_s(\leqslant X_s,\geqslant X_s)$$

由鞅的定义知，如果$(X_t)_{t\geqslant 0}$是鞅，对$\forall t$，一定有$E(X_t)=E(X_0)$。

由鞅的定义断定，给定所有可采纳的信息F_s，对于X_t，最好的近似是X_s。用金融市场的话来说，这意味着对将来价格预测的最好途径就是使用现在的价格。因此，使用当前的信息等价于使用所有的历史信息，因为只有最新的信息才是最有用的。

定理 6.2(Girsanov 定理)　$(\Omega,F,(F_t)_{0\leqslant t\leqslant T},P)$是一个概率空间，如果$(\theta_t)_{0\leqslant t\leqslant T}$是一个满足$\int_0^T \theta_s^2\,\mathrm{d}s<\infty$的适应过程，且下列过程$(L_t)_{0\leqslant t\leqslant T}$是一个鞅：

$$L_t=\exp\left(-\int_0^t \theta_s \mathrm{d}W_s-\int_0^t \theta_s^2 \mathrm{d}s\right)$$

其中W_t是标准布朗运动，那么在对于概率测度P的密度为L_t的等价概率测度$P^{(L)}$下，令$W_t^*=W_t+\int_0^t \theta_s \mathrm{d}s$，则过程$(W_t^*)_{0\leqslant t\leqslant T}$是标准布朗运动。

6.2.2　欧式期权定价

设$K>0$是期权执行价格，则在到期日T时，期权的收益为

$$V(S_T,T)=\begin{cases}\max\{S_T-K,0\}=(S_T-K)^+,\text{看涨}\\ \max\{K-S_T,0\}=(K-S_T)^+,\text{看跌}\end{cases}\tag{6.6}$$

此时，欧式期权在期初$t=0$的价格为

$$V_{\mathrm{E}}(S,0)=E[\mathrm{e}^{-rT}V(S_T,T)]$$

而美式期权在期初$t=0$的价格为

$$V_{\mathrm{A}}(S,0)=\sup_{0\leqslant\tau\leqslant T}E[\mathrm{e}^{-r\tau}V(S_\tau,\tau)],\ \tau\text{是}F_T\text{停时}\tag{6.7}$$

记$C_{\mathrm{E}}(S,0)$为欧式看涨期权在$t=0$的价格，于是

$$\begin{aligned}C_{\mathrm{E}}(S,0)&=E[\mathrm{e}^{-rT}V(S_T-K)^+]=E[\mathrm{e}^{-rT}S_TI_{\{S_T\geqslant K\}}]-K[\mathrm{e}^{-rT}I_{\{S_T\geqslant K\}}]\\&=I_1-I_2\end{aligned}\tag{6.8}$$

由于利率r为常数，根据(6.4)及定理6.2，可得

$$\begin{aligned}I_2&=K\mathrm{e}^{-rT}P(S_T\geqslant K)\\&=K\mathrm{e}^{-rT}P\left(\ln\left(\frac{S_T}{S}\right)\geqslant-\ln\left(\frac{S}{K}\right)\right)\end{aligned}$$

$$= Ke^{-rT}P((r-\frac{1}{2}\sigma^2-\lambda k)T+\sigma W_T+\sum_{i=1}^{N(T)}Y_i \geqslant -\ln\left(\frac{S}{K}\right))$$

$$= Ke^{-rT}\Upsilon(r-\frac{1}{2}\sigma^2-\lambda k,\sigma,\lambda,p,\eta_1,\eta_2;-\ln\left(\frac{S}{K}\right),T) \tag{6.9}$$

现计算 I_1，利用改变计价单位方法，定义新概率测度 Q 如下

$$\frac{dQ}{dP}=e^{-rT}\frac{S_T}{S}=\exp\left\{(-\frac{1}{2}\sigma^2-\lambda k)T+\sigma W_t+\sum_{i=1}^{N(T)}Y_i\right\}$$

注意到 $E(e^{-rT}\frac{S_T}{S})=1$，于是 $\frac{dQ}{dP}$ 有定义。由 Girsanov 定理可知，在测度 Q 下，$W_t^*=W_t-\sigma t$ 是布朗运动，N_t 是强度参数为

$$\lambda^*=\lambda E[e^Y]=\lambda\left[p\frac{\eta_1}{\eta_1-1}+q\frac{\eta_2}{\eta_2+1}\right]=\lambda(k+1)$$

的 poisson 过程，$\{J_i,i=1,2,\cdots\}$ 在 Q 下仍是 i. i. d. 的随机变量列但其概率密度函数变为

$$f_Y^*(y)=\frac{1}{E(e^Y)}e^y f_Y(y)$$

$$=\frac{p\eta_1}{1+k}e^{-(\eta_1-1)y}I_{\{y\geqslant 0\}}+\frac{q\eta_2}{1+k}e^{(\eta_2+1)y}I_{\{y<0\}}$$

$$=\frac{p\eta_1}{(1+k)(\eta_1-1)}(\eta_1-1)e^{-(\eta_1-1)y}I_{\{y\geqslant 0\}}+\frac{q\eta_2}{(1+k)(\eta_2+1)}(\eta_2+1)e^{(\eta_2+1)y}I_{\{y<0\}}$$

$$=p^*\eta_1^*e^{-\eta_1^*y}I_{\{y\geqslant 0\}}+q^*\eta_2^*e^{-\eta_2^*y}I_{\{y<0\}} \tag{6.10}$$

显然 $p^*=\frac{p\eta_1}{(1+k)(\eta_1-1)}$，$q^*=\frac{q\eta_2}{(1+k)(\eta_2+1)}$

$\eta_1^*=(\eta_1-1)$，$\eta_2^*=(\eta_2+1)$

$k=\frac{p\eta_1}{\eta_1-1}+\frac{q\eta_2}{\eta_2+1}-1$

同时(6.4)在测度 Q 下变成

$$\ln(\frac{S_T}{S})=(r+\frac{1}{2}\sigma^2-\lambda k)T+\sigma W_t^*+\sum_{i=1}^{N(T)}Y_i \tag{6.11}$$

于是 $I_1 = E[\mathrm{e}^{-rT} S_T I_{\{S_T \geqslant K\}}] = E\left[S\mathrm{e}^{-rT} \frac{S_T}{S} I_{\{S_T \geqslant K\}}\right] = SE^Q[I_{\{S_T \geqslant K\}}] = SQ(S_T \geqslant K)$

同(6.9)计算一样得

$$I_1 = S\Upsilon\left(r + \frac{1}{2}\sigma^2 - \lambda k, \sigma, \lambda^*, p^*, \eta_1^*, \eta_2^*; -\ln\left(\frac{S}{K}\right), T\right) \tag{6.12}$$

定理 6.3 如果股价满足(6.2)、(6.3),则欧式看涨期权在 $t=0$ 时价格为

$$\begin{aligned} C_{\mathrm{E}}(S,0) = & S\Upsilon\left(r + \frac{1}{2}\sigma^2 - \lambda k, \sigma, \lambda^*, p^*, \eta_1^*, \eta_2^*; -\ln\left(\frac{S}{K}\right), T\right) \\ & - K\mathrm{e}^{-rT}\Upsilon\left(r - \frac{1}{2}\sigma^2 - \lambda k, \sigma, \lambda, p, \eta_1, \eta_2; -\ln\left(\frac{S}{K}\right), T\right) \end{aligned} \tag{6.13}$$

由看涨-看跌平价关系得对应的欧式看跌期权 $t=0$ 时的价格为

$$P_{\mathrm{E}}(S,0) = C_E(S,0) - K\mathrm{e}^{-rT} - S \tag{6.14}$$

推论 6.1 其他参数不变,当 $\lambda=0$ 或股价跳跃比例变得很小,即当 $\eta_1, \eta_2 \to +\infty$ 时,(6.13)退化为 Black-Scholes 公式。

注记:若股票有连续红利支付,且设红利率为 $d>0$,则只须将 $r-d$ 替代公式(6.13)的 r。

记期权 t 时价格为 $v(S_t,t) = E[\mathrm{e}^{-r(T-t)}V(S_T,T)|F_t]$,若 $v \in C^{1,2}([0,T) \times (0,+\infty)) \cap C^1((0,+\infty))$,则由 Ito 公式及 $V(S_t,t)$ 的鞅性可证 $v(S,t)$ 是下列 PIDE(微分-积分方程)的解:

$$\frac{\partial v}{\partial t} + \frac{\sigma^2}{2}S^2\frac{\partial^2 v}{\partial S^2} + (r - \lambda k)S\frac{\partial v}{\partial S} - rv + \lambda\int_R [v(S\mathrm{e}^y, t) - v(S,t)] f_Y(y)\mathrm{d}y = 0 \tag{6.15}$$

$v(S,T) = V(S_T,T), S \in (0,+\infty), t = T$

这个方程类似 Black-Scholes 方程,但多了一个描述跳跃成分的积分项。

6.2.3 跳风险参数对期权价格的影响

下面分析跳风险参数对欧式看涨期权价格的影响。设基本参数值为 $S_0 = 100, r=0.05, p=0.4, T=0.5$。计算结果见表 6.1。

表 6.1　双指数跳扩散模型下欧式看涨期权价格与主要参数的关系

(1)波动率 $\sigma=0.2$				
		$\eta_1=5,\eta_2=5$	$\eta_1=10,\eta_2=5$	$\eta_1=5,\eta_2=10$
$K=80$	$\lambda=1$	23.579 5	23.412 3	22.711 6
	$\lambda=4$	27.582 6	26.443 9	24.969 5
	$\lambda=10$	33.646 9	30.839 5	29.281 9
$K=90$	$\lambda=1$	15.720 3	15.291 0	14.726 3
	$\lambda=4$	21.290 7	19.472 9	18.629 0
	$\lambda=10$	28.794 5	25.038 3	24.492 9
$K=110$	$\lambda=1$	5.789 7	4.522 7	5.237 5
	$\lambda=4$	12.595	29.045 2	10.812 9
	$\lambda=10$	21.356 6	15.813 5	17.618 2
(2)波动率 $\sigma=0.35$				
		$\eta_1=5,\eta_2=5$	$\eta_1=10,\eta_2=5$	$\eta_1=5,\eta_2=10$
$K=80$	$\lambda=1$	25.190 5	24.876 7	24.516 7
	$\lambda=4$	29.046 6	27.702 7	26.910 2
	$\lambda=10$	34.732 1	31.887 2	30.734 7
$K=110$	$\lambda=1$	9.226 1	8.264 4	8.663 7
	$\lambda=4$	14.885 8	11.845 0	13.067 0
	$\lambda=10$	22.732 0	17.576 2	19.044 5

从表 6.1 可以看出，当其他参数不变时，期权价格随着执行价 K 的增大而减少；随着 Poisson 跳过程参数 λ 的增加而增大；随着扩散波动率 σ 的增加而变大；随着指数分布参数 η_1,η_2 的增大而减少。图 6.1 从影响股票价格波动的跳风险因子 λ,p,η_1,η_2 分析看涨期权价格的波动，计算参数值为：$S=100,K=90,\sigma=0.2$，$T=0.5,r=0.05$。从图 6.1(a)可以看到，期权价格是跳风险因子 λ 的增函数，期权价格增长平缓；图 6.1(b)描述了期权价格随股票价格上跳概率 p 的效应是先减后增，在 $p=0.8$ 处取得最小值；图 6.1(c)(d)表现了期权价格受股票跳跃强度 η_1,η_2 的敏感性是显著的，期权价格下降速度快，期权价格受 η_1 影响随 η_1 的增加而保持平稳，但随 η_2 的增加逐渐减小。

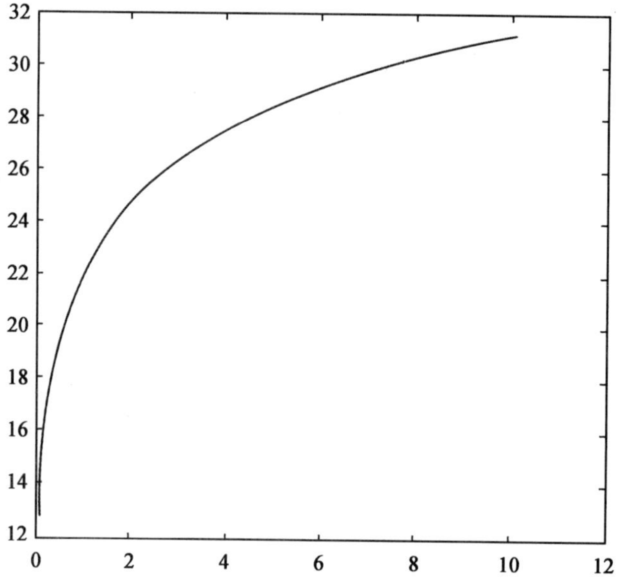

(a) $\eta_1=\eta_2=5, p=0.4$

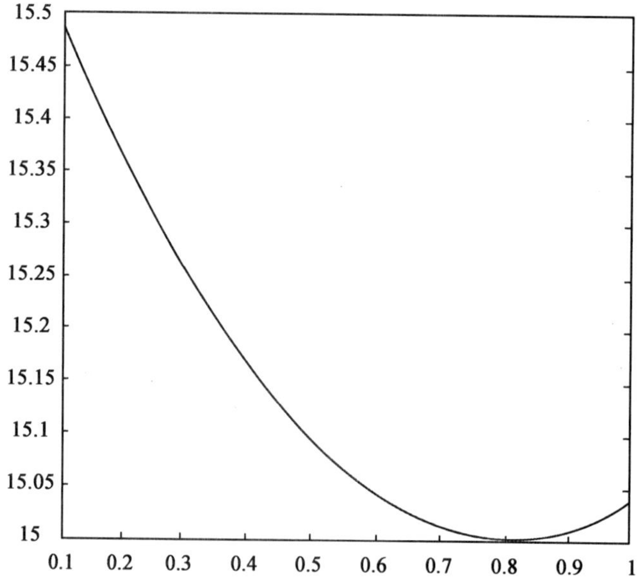

(b) $\eta_1=\eta_2=5, \lambda=1$

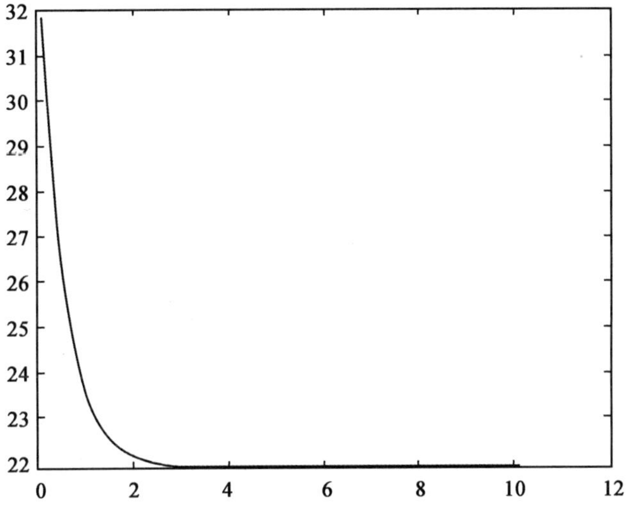

(c) $\eta_2=5, \lambda=1, p=0.4$

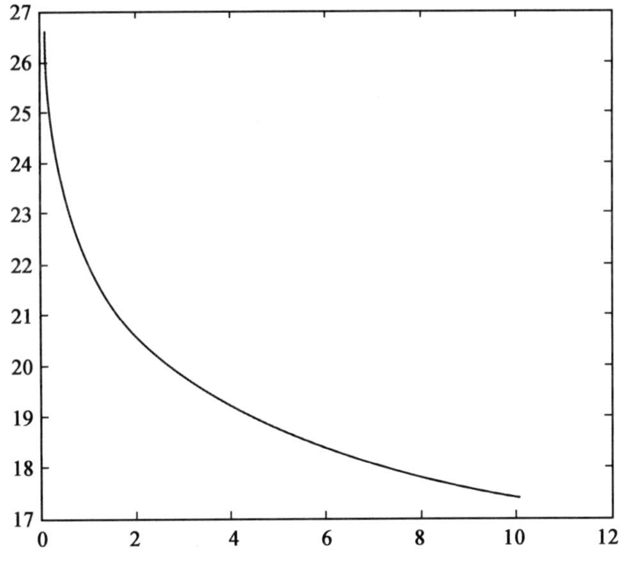

(d) $\eta_1=5, \lambda=1, p=0.4$

图 6.1　跳风险参数 $\lambda, \eta_1, \eta_2, p$ 对看涨期权的影响曲线

从图 6.1 数据计算结果可以归纳跳风险参数的影响：

(1)在模型中其他参数不变时，欧式看涨期权价格是 λ 的增函数。

(2)在模型中其他参数不变时，欧式看涨期权价格是概率 p 的先减后增函数。

(3)在模型中其他参数不变时，欧式看涨期权价格分别是 η_1, η_2 的减函数且 η_1 比 η_2 更显著。

6.3 隐含波动率

我们已经知道 Black-Scholes 模型并没有完美描述现实金融市场情况，股票或其他资产价格的变化行为远比几何布朗运动复杂。但是，在实际中人们仍然使用 Black-Scholes 模型来定价。一个主要原因就是该模型使用方便，计算简单，波动率 σ 是唯一的一个不能从市场直接观测的参数，但它对期权价格的影响是巨大的。同样地，如果 Black-Scholes 定价理论是正确的，那么从每天的期权市场获得同一标的资产在不同执行价及到期日的期权报价来看，它应该蕴含了标的资产的未来波动率信息。人们把由单个期权价格所导出的标的资产波动率称为隐含波动率(Implied Volatility)。当股价由(6.2)描述时，股票回报率不再满足正态分布，而是一种尖峰和厚尾曲线，这与实际统计数据分析是一致的，因此分析这类跳扩散模型期权价格的隐含波动率，是非常重要且有实际意义的。

由 Y 的概率密度函数(6.3)，可计算出

$$E[Y]=\frac{p}{\eta_1}-\frac{q}{\eta_2},\ E[Y^2]=2\left(\frac{p}{\eta_1^2}+\frac{q}{\eta_2^2}\right)$$

由(6.4)，在测度 P 下可得股票回报的数字特征

$$\begin{aligned}E\left[\ln\frac{S_t}{S}\right]&=(r-\frac{1}{2}\sigma^2-\lambda k)t+E\left[\sum_{i=1}^{N_t}Y_i\right]\\&=(r-\frac{1}{2}\sigma^2-\lambda k)t+\lambda t\cdot EY\\&=(r-\frac{1}{2}\sigma^2-\lambda k)t+\lambda\left(\frac{p}{\eta_1}-\frac{q}{\eta_2}\right)t\end{aligned}$$

$$\begin{aligned}\operatorname{var}\left[\ln\frac{S_t}{S}\right]&=\sigma^2t+\operatorname{var}\left[\sum_{i=1}^{N_t}Y_i\right]=\sigma^2t+E\left[\sum_{i=1}^{N_t}Y_i\right]^2-\left(E\left[\sum_{i=1}^{N_t}Y_i\right]\right)^2\\&=\sigma^2t+E(N_t+N_t^2(EY)^2)-(\lambda t\cdot EY)^2\end{aligned}$$

$$= \sigma^2 t + \lambda t \cdot EY^2 = \sigma^2 t + 2\lambda\left(\frac{p}{\eta_1^2} + \frac{q}{\eta_2^2}\right)t$$

显然，当 $\lambda = 0$ 或 $\eta_1, \eta_2 \to +\infty$，其他参数不变时，$\mathrm{var}\left[\ln \frac{S_t}{S}\right] = \sigma^2 t$ 或 $\mathrm{var}\left[\ln \frac{S_t}{S}\right] \to \sigma^2 t$，记 $\sigma_{\mathrm{DJ}}^2 = \sigma^2 + 2\lambda\left(\frac{p}{\eta_1^2} + \frac{q}{\eta_2^2}\right)$。

如果投资者按Black-Scholes公式来定价，而市场价由双指数跳扩散模型的期权公式(6.13)来计算，我们知道股票实际回报分布比Gaussian分布具有更厚的尾分布现象，那么该投资者将会定价外(out-of-the-money，OTM)或价内(in-the-money，ITM)期权区的期权价格，反而定高平价期权(at-the-money，ATM)的价格。因此，在这种情况下，若投资者从市场价格来估计扩散模型的波动率，将会出现波动率的微笑现象(Smile的“U”形)。图6.2反映了隐含波动率作为执行价格函数的关系，其计算参数值同表6.1。我们具体做法为：利用(6.13)计算出不同 K 值的期权价格并将其作为市场价，再利用Black-Scholes公式计算出对应的波动率。由于股票回报分布的非对称性，隐含波动率曲线不是对称的。从图形上可以看出，随着跳跃强度参数 λ 的增大，期权隐含波动率相对变大、且趋向对称，表明隐含波动率与实际股价未来波动率变化愈来愈接近。其中在图6.2，横坐标表示 K/S，这三条线从上下到上分别表示 $\lambda=0.5$，1和4时的隐含波动率。

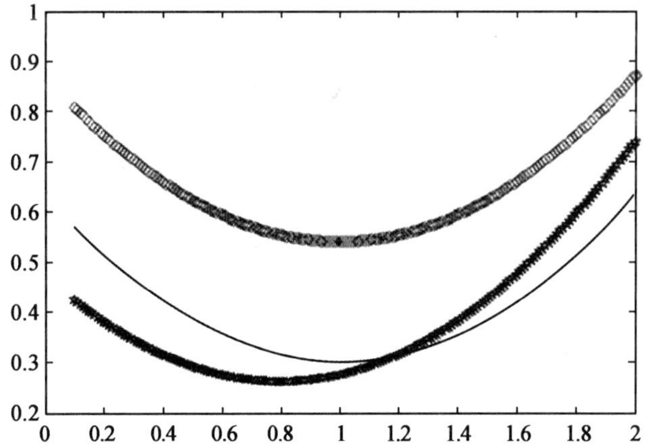

图6.2　不同 λ 值的隐含波动率微笑曲线

6.4 定价偏差

在实际使用中，人们往往希望知道标的资产未来价格的波动率。一般来说，因为事件尚未发生，波动率 σ 的未来变化很难预测。但是金融市场并不因此而变得不可作为，人们可以某种确定方式来计算波动率。但是由于不同的计算方式能得到不同波动率，所以导致期权出现定价偏差。我们知道，投资者在期权定价时首先面临的是如何正确估计股票波动率，其次选择接近实际的期权定价模型进行定价。如果投资者通过期权的市场价得到了波动率，利用 Black-Scholes 公式来计算期权价格，将会产生价格偏差；另外由于市场存在一些重大的突发事件，影响股价正常波动，因此采用扩散项波动率来计算期权，也会导致定价偏差。表 6.2 比较了不同波动率的定价偏差，图 6.3 比较了期权定价绝对误差依赖期权价格 S 的变化关系。

记公式(6.13)为 $C_{DJ}(\sigma_{DJ}^2)$ 、Black-Scholes 公式为 $C_{BS}(v^2)$，其中 $v^2=\sigma^2$ 或 σ_{DJ}^2。定义价格绝对误差为 $C_{DJ}(\sigma_{DJ}^2)-C_{BS}(v^2)$。从表 6.2 看到，若市场存在重大突发事件，投资者利用公式(1.2)来定价期权，与市场价存在偏差，价格可能定高 5.1%或定低 16.5%(第一行数据)，这对投资双方都有损失。

表 6.2　不同参数的欧式看涨期权定价偏差比较

	λ	σ	σ_{DJ}	$C_{DJ}(\sigma_{DJ}^2)$	$C_{BS}(\sigma^2)$	$C_{BS}(\sigma_{DJ}^2)$
$\eta_1=\eta_2=5$	1	0.2	0.346 4	15.720 3	13.498 5	16.526 0
	4	0.2	0.600 0	21.290 7	13.498 5	22.610 5
	10	0.2	0.916 5	28.794 5	13.498 5	30.430 5
$\eta_1=10,\eta_2=5$	1	0.2	0.308 9	15.291 0	13.498 5	15.700 4
	4	0.2	0.513 8	19.472 9	13.498 5	20.495 9
	10	0.2	0.774 6	25.038 3	13.498 5	26.929 3
$\eta_1=5,\eta_2=10$	1	0.2	0.289 8	14.726 3	13.498 5	15.265 5
	4	0.2	0.464 8	18.629 0	13.498 5	19.307 7
	10	0.2	0.692 8	24.492 9	13.498 5	24.904 1

从图 6.3 可以看出，市场利用不同波动率计算期权价格，价外期权（$S_T < K$）的价格差最大达到 3.5，价内期权的价格差也接近 3，而且波动率为 σ 的期权定价误差曲线先升后降，波动率为 σ_{DJ} 的期权定价误差曲线先降后升。这说明当资产价格小于执行价格时，投资者高估了期权价格，而实际市场价格是偏低的。反之，当资产价格大于执行价格时，投资者低估了期权价格，而实际市场价格是偏高的。随着股票价格的越来越大，这种绝对定价误差越来越接近，且趋于零，说明利用 Black-Scholes 公式和跳扩散公式在市场波动率、扩散波动率越来越接近的情形下，期权价格也很接近，此时市场突发事件对股票的影响作用变小。

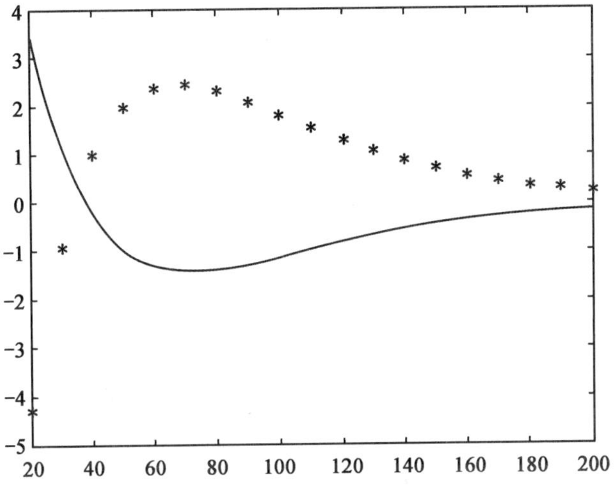

图 6.3　期权定价误差曲线

6.5　双指数跳扩散模型下的奇异期权定价

Kou [52] 和 Sepp[53] 在双指数跳扩散模型下利用 Laplace 变换，讨论了两种重要路径依赖型期权——障碍期权和回望期权的定价，得到了它们的欧式定价公式。本章利用已建立的欧式期权定价公式讨论几种常见的奇异期权价格，主要有：欧式双向期权、上限型看涨期权、任选期权、滞后付款期权和指数期权。这是对双指数跳扩散模型期权定价的补充。

6.5.1 障碍期权的定价

有 8 种类型的障碍期权：向上敲出看涨期权（up-and-out-call option）、向上敲入看涨期权（up-and-in-call option）、向下敲出看涨期权（down-and-out-call option）、向下敲入看涨期权（down-and-in-call option）以及相应的四种看跌期权。例如，向下敲出看跌期权（down-and-out-put option）（DOP）的价格由下式给出：

$$\mathrm{DOP} = E[\mathrm{e}^{-rT}(K - S(T))^{+} I_{\{\min_{0\leqslant t\leqslant T} S(t)\geqslant H\}}]$$

其中，$H < S(0)$ 是障碍水平。由于这八种障碍期权的定价公式能用相似的方法得到，所以在这儿我们仅用向上敲入看涨期权（UIC）来说明，它的定价公式为

$$\mathrm{UIC} = E[\mathrm{e}^{-rT}(S(T) - K)^{+} I_{\{\max_{0\leqslant t\leqslant T} S(t)\geqslant H\}}]$$

其中 $H > S$ 是障碍水平。引进下列定义，给定任一概率测度 P

$$\Psi(\mu,\sigma,\lambda,p,\eta_1,\eta_2;a,b,T) = P[(Z(T)\geqslant a, \max_{0\leqslant t\leqslant T} Z(T)\geqslant b)]$$

在概率测度 P 下，$Z(t)$ 是漂移率为 μ，波动率为 σ 和跳风险为 λ 的双指数跳扩散过程，即

$$Z(t) = \mu t + \sigma W(t) + \sum_{i=1}^{N(t)} Y_i$$

Y 有双指数分布，其密度函数为 $f_Y(y) = p\eta_1 \mathrm{e}^{-\eta_1 y} I_{\{y\geqslant 0\}} + q\eta_2 \mathrm{e}^{\eta_2 y} I_{\{y<0\}}$。

定理 6.4 如果市场模型满足(6.1)～(6.3)，则双指数跳扩散模型下向上敲入看涨期权在 $t=0$ 时的价格为

$$\begin{aligned}\mathrm{UIC}(S,0) = {} & S\Psi(r + \frac{1}{2}\sigma^2 - \lambda k, \sigma, \lambda^*, p^*, \eta_1^*, \eta_2^*; \log(\frac{K}{S}), \log(\frac{H}{S}), T) \\ & - K\mathrm{e}^{-rT}\cdot\Psi(r - \frac{1}{2}\sigma^2 - \lambda k, \sigma, \lambda, p, \eta_1, \eta_2; \log(\frac{K}{S}), \log(\frac{H}{S}), T)\end{aligned} \tag{6.16}$$

其中

$$p^* = \frac{p\eta_1}{(1+k)(\eta_1 - 1)},\ q^* = \frac{q\eta_2}{(1+k)(\eta_2+1)},$$

$$\eta_1^* = (\eta_1 - 1),\ \eta_2^* = (\eta_2 + 1)$$

$$k = \frac{p\eta_1}{\eta_1 - 1} + \frac{q\eta_2}{\eta_2 + 1} - 1$$

证明　$\mathrm{UIC} = E[\mathrm{e}^{-rT}(S(T)-K)^+ I_{\{\max_{0\leqslant t\leqslant T} S(t)\geqslant H\}}]$

$$= E[\mathrm{e}^{-rT}S(T)I_{\{S(T)\geqslant K,\ \max_{0\leqslant t\leqslant T} S(t)\geqslant H\}}] - K\mathrm{e}^{-rT}P[S(T)\geqslant K, \max_{0\leqslant t\leqslant t} S(t)\geqslant H]$$

$$= \mathrm{I} - K\mathrm{e}^{-rT}\cdot \mathrm{II}$$

很容易计算第二项，因为

$$\mathrm{II} = \Psi(r-\frac{1}{2}\sigma^2-\lambda k,\sigma,\lambda,p,\eta_1,\eta_2;\log(\frac{K}{S}),\log(\frac{H}{S}),T)$$

对于第一项，更精确地，引进新的概率测度 Q，定义为

$$\frac{\mathrm{d}Q}{\mathrm{d}P}\Big|_{t=T} = \mathrm{e}^{-rT}\frac{S(T)}{S(0)} = \mathrm{e}^{-rT}\mathrm{e}^{X(t)}$$

$$= \exp\{(-\frac{1}{2}\sigma^2-\lambda k)T+\sigma W(T)+\sum_{i=1}^{N(T)}Y_i\}$$

很显然 $E^*[\mathrm{e}^{-rT}(S(T)/S(0))]=1$。利用鞅定理，在测度 Q 下，$W_t^* = W(t)-\sigma t$ 是新的布朗运动，且原先的过程

$$X(t) = (r-\frac{1}{2}\sigma^2-\lambda k)t+\sigma W(t)+\sum_{i=1}^{N(t)}\ln(Y_i)$$

$$= (r+\frac{1}{2}\sigma^2-\lambda t)t+\sigma(W_t^*+\sigma t)+\sum_{i=1}^{N(t)}\ln(Y_i)$$

是一个新的双指数跳扩散过程，泊松过程 $N(t)$ 的参数为 $\lambda^* = \lambda E(\mathrm{e}^Y) = \lambda(k+1)$；$Y$ 是独立同分布的，其密度函数为

$$\frac{1}{E^*(\mathrm{e}^Y)}\mathrm{e}^y f_Y(y) = \frac{1}{E^*(\mathrm{e}^Y)}\mathrm{e}^y p\eta_1\mathrm{e}^{-\eta_1 y}I_{\{y\geqslant 0\}} + \frac{1}{E^*(\mathrm{e}^Y)}\mathrm{e}^y q\eta_2\mathrm{e}^{\eta_2 y}I_{\{y<0\}}$$

$$= p\frac{1}{E^*(\mathrm{e}^Y)}\cdot\frac{\eta_1}{\eta_1-1}(\eta_1-1)\mathrm{e}^{-(\eta_1-1)y}I_{\{y\geqslant 0\}} +$$

$$q\frac{1}{E^*(\mathrm{e}^Y)}\cdot\frac{\eta_2}{\eta_2+1}(\eta_2+1)\eta_2\mathrm{e}^{(\eta_2+1)y}I_{\{y<0\}}$$

因此，它仍旧是双指数密度函数，其中

$$\eta_1^* = \eta_1-1,\ \eta_2^* = \eta_2+1$$

$$p^* = p\left(\frac{p\eta_1}{\eta_1-1}+\frac{q\eta_2}{\eta_2+1}\right)^{-1}\frac{\eta_1}{\eta_1-1}$$

$$q^* = q\left(\frac{p\eta_1}{\eta_1-1}+\frac{q\eta_2}{\eta_2+1}\right)^{-1}\frac{\eta_2}{\eta_2+1}$$

因此，我们有

$$
\begin{aligned}
\text{I} &= S(0)E[\mathrm{e}^{-rT}\frac{S(T)}{S(0)}I_{\{S(T)\geqslant K\max_{0\leqslant t\leqslant T}S(t)\geqslant H\}}] \\
&= S(0)Q[S(T)\geqslant K,\min_{0\leqslant t\leqslant T}S(t)\leqslant H] \\
&= S\Psi(r+\frac{1}{2}\sigma^2-\lambda k,\sigma,\lambda^*,p^*,\eta_1^*,\eta_2^*;\log(\frac{K}{S}),\log(\frac{H}{S}),T)
\end{aligned}
$$

把Ⅰ和Ⅱ代入 UIC $=$ Ⅰ $-Ke^{-rT}\cdot$ Ⅱ 即可得到向上敲入看涨期权的定价公式。

6.5.2 回望期权的定价

回望期权提供投资者好多机会，回望看涨期权使投资者可以最低价格买进标的资产。对于浮动执行价的回望期权，在到期日以前敲定价格是未知的，回望看涨期权的敲定价格对应标的资产在有效期内最低，因此浮动执行价的回望期权赋予投资者以最低价购买的权利；而对于固定执行价的回望期权，敲定价格事先已知，看涨期权的损益由期权有效期内的标的资产的最高价和敲定价格之间的差额给出，当标的资产最后价格就是期权有效期内的最高价，那么固定执行价格的回望看涨期权的损益就等于标准看涨期权的损益。

回望看涨期权在 $t=0$ 时的定价公式由下式给出：

$$
\begin{aligned}
\mathrm{LP}(S,0) &= E[\mathrm{e}^{-rT}(\max\{M,\max_{0\leqslant t\leqslant T}S(t)\}-S(T))] \\
&= E[\mathrm{e}^{-rT}(\max\{M,\max_{0\leqslant t\leqslant T}S(t)\})]-S(0)
\end{aligned}
$$

其中 $M\geqslant S(0)$ 是固定常数，代表在 0 时刻以前的最大值。

考虑到跳扩散模型是不完全的，为了简便，我们假设风险中性，则欧式期权的价格函数满足：

$$
F_t+\frac{1}{2}\sigma^2S^2F_{\mathrm{SS}}+(r-d-\lambda\alpha)SF_{\mathrm{S}}-rF+\lambda\int_{-\infty}^{\infty}[F(S\mathrm{e}^J)-F(S)]\bar{\omega}(J)\mathrm{d}J=0 \tag{6.17}
$$

即广义 Black-Scholes PIDE。方程的解取决于 $F(S,M,m,K,T)=f(S,M,m,K)$，其中，T 是期权执行时间，K 是敲定价格，$f(S,M,m,K)$ 是收益函数，$M(t,T)=\max_{t\leqslant\zeta\leqslant T}S(\zeta)$，$m(t,T)=\min_{t\leqslant\zeta\leqslant T}S(\zeta)$。

为了下面的分析，有必要对(6.17)指定恰当的边界条件和终值条件[3]。

(1)浮动执行价回望看涨期权(FLOC)　用 $F^{\mathrm{FLOC}}(S,m,t)$ 表示该期权值，则有

$$F^{\mathrm{FLOC}}(S,m,t)=S-m \text{ 且 } F_m^{\mathrm{FLOC}}(m,m,t)=0,\lim_{S\to\infty}F_m^{\mathrm{FLOC}}(S,m,t)=-\mathrm{e}^{-r(T-t)} \tag{6.18}$$

(2)浮动执行价回望看跌期权(FLOP)　用 $F^{\mathrm{FLOP}}(S,M,t)$ 表示该期权值，则有

$$F^{\mathrm{FLOP}}(S,M,t)=M-S \text{ 且 } F_M^{\mathrm{FLOP}}(M,M,t)=0,\lim_{S\to\infty}F_M^{\mathrm{FLOP}}(S,M,t)=-\mathrm{e}^{-r(T-t)} \tag{6.19}$$

(3)固定履约价回望看涨期权(FIXC)　用 $F^{\mathrm{FIXC}}(S,M,K,t)$ 表示该期权值，则有

$$F^{\mathrm{FIXC}}(S,M,K,T)=\max\{M-K,0\}$$

$$\begin{cases}F_M^{\mathrm{FIXC}}(M,M,K,T)=0,\lim\limits_{S\to 0}F_M^{\mathrm{FIXC}}(S,M,K,T)=\mathrm{e}^{-r(T-t)},M>K\\ F_K^{\mathrm{FIXC}}(K,M,K,T)=-\mathrm{e}^{-r(T-t)},\lim\limits_{S\to 0}F_K^{\mathrm{FIXC}}(S,M,K,T)=0,M\leqslant K\end{cases} \tag{6.20}$$

(4)固定履约价回望看跌期权(FIXP)　用 $F^{\mathrm{FIXP}}(S,m,K,t)$ 表示该期权值，则有

$$F^{\mathrm{FIXP}}(S,m,K,T)=\max\{K-m,0\}$$

$$\begin{cases}F_K^{\mathrm{FIXP}}(K,m,K,T)=\mathrm{e}^{-r(T-t)},\lim\limits_{S\to\infty}F_K^{\mathrm{FIXP}}(S,M,K,T)=0,m>K\\ F_m^{\mathrm{FIXP}}(m,m,K,T)=0,\lim\limits_{S\to\infty}F_m^{\mathrm{FIXP}}(S,m,K,T)=-\mathrm{e}^{-r(T-t)},m\leqslant K\end{cases} \tag{6.21}$$

我们用拉普拉斯变换求解(6.17)。$V(x,\tau)$ 的拉普拉斯变换定义为

$$U(x,p)=L[V(x,\tau)]=\int_0^\infty V(x,\tau)\mathrm{e}^{-p\tau}\mathrm{d}\tau$$

其中，p 是变换变量。特殊的，在下面的分析中我们假定 $p\in\mathbf{R}^+$，且有

$$L\left[\frac{\partial}{\partial\tau}V(x,\tau)\right]=pU(x,p)-V(x,0);L\left[\frac{\partial^n}{\partial x^n}V(x,\tau)\right]=\frac{\partial^n}{\partial x^n}U(x,p)$$

引进新的变量 $S\to y=\ln S$ 和 $t\to\tau=T-t$，则 $V(y,M,m,K,\tau)=F(S,M,m,K,t)$ 满足下列的 PIDE，

$$-V_r+\frac{1}{2}\sigma^2 V_{yy}+\mu V_{yy}-rV+\lambda\int_{-\infty}^{\infty}[V(y+J)-V(y)]\tilde{\omega}(J)\mathrm{d}J=0 \tag{6.22}$$

其中，$\mu=r-d-\lambda\alpha-\frac{1}{2}\sigma^2$，方程的解取决于$V(y,M,m,K,0)=f(\mathrm{e}^y,M,m,K)$和相应的边界条件。对式(6.22)应用拉普拉斯变换，我们得到$U(y,M,m,K,p)=L[V(y,M,m,K,\tau)]$满足下列的OIDE：

$$\frac{1}{2}\sigma^2 U_{yy}+\mu U_y-(r+p+\lambda)U+\lambda\int_{-\infty}^{\infty}U(y+J)\tilde{\omega}(J)\mathrm{d}J=-f(\mathrm{e}^y,M,m,K) \tag{6.23}$$

方程的解取决于相应的变换后的边界条件。

这个部分我们利用拉普拉斯变化给出双指数跳扩散下回望期权值的解析公式，为此我们引进下列的变量和函数。

引理 6.3 方程

$$\frac{1}{2}\sigma^2\psi^2+\mu\psi-(r+p+\lambda)+\lambda\left[\frac{q^+}{1-\eta^+\psi}+\frac{q^-}{1+\eta^-\psi}\right]=0$$

有4实根$\psi_i,i=0,1,2,3$，使得$-\infty<\psi_3<-\frac{1}{\eta^-}<\psi_2<0<\psi_1<\frac{1}{\eta^+}<\psi_0<\infty$。

引理6.3在Kou和Wang(2004)中有详细的证明。

引进下面的函数：

$$C_{0,1}^{+;-}(x)=\pm\frac{x^{1-\psi_{0,1}}(1-\eta^+\psi_{0,1})\psi_{1,0}}{(r+p)(1-\psi_{0,1})(\psi_{1,0}-\psi_{0,1})},$$

$$C_{2,3}^{+;-}(x)=\pm\frac{x^{1-\psi_{2,3}}(1+\eta^-\psi_{2,3})\psi_{3,2}}{(r+p)(1-\psi_{2,3})(\psi_{3,2}-\psi_{2,3})}$$

定理 6.5 在双指数跳扩散下FLOC、FLOP、FIXC和FIXP的定价公式为

$$U^{\mathrm{FLOC}}(y,m,p)=C_2^+(m)\mathrm{e}^{\psi_{2y}}+C_3^+(m)\mathrm{e}^{\psi_{3y}}+\frac{\mathrm{e}^y}{d+p}-\frac{m}{r+p} \tag{6.24}$$

$$U^{\mathrm{FLOP}}(y,M,p)=C_0^-(M)\mathrm{e}^{\psi_{0y}}+C_1^-(M)\mathrm{e}^{\psi_{1y}}+\frac{M}{r+p}-\frac{\mathrm{e}_y}{d+p} \tag{6.25}$$

$$U^{\mathrm{FIXC}}(y,M,K,p)=\begin{cases}C_0^-(M)\mathrm{e}^{\psi_{0y}}+C_1^-(M)\mathrm{e}^{\psi_{1y}}+\dfrac{M-K}{r+p},M\geqslant K\\ C_0^-(K)\mathrm{e}^{\psi_{0y}}+C_1^-(K)\mathrm{e}^{\psi_{1y}},M<K\end{cases} \tag{6.26}$$

$$U^{\mathrm{FIXP}}(y,m,K,p)=\begin{cases}C_2^{+}(m)e^{\psi_{2y}}+C_3^{+}(m)e^{\psi_{3y}}+\dfrac{M-m}{r+p},m\leqslant K\\ C_2^{+}(K)e^{\psi_{2y}}+C_3^{+}(K)e^{\psi_{3y}},m>K\end{cases}\tag{6.27}$$

证明　我们只给出(6.24)的证明，(6.25)、(6.26)和(6.27)可用类似的方法证明。

由(6.18)和引理 6.3 知 $U^{\mathrm{FLOC}}(y,m,p)$ 满足：

$$\frac{1}{2}\sigma^2U_{yy}^{\mathrm{FLOC}}+\mu U_y^{\mathrm{FLOC}}-(r+p+\lambda)U^{\mathrm{FLOC}}+\lambda\int_{-\infty}^{\infty}U^{\mathrm{FLOC}}(y+J)\bar{\omega}(J)\mathrm{d}J=-(e^y-m)$$

$$U_m^{\mathrm{FLOC}}(\ln m,m,p)=0;\lim_{y\to\infty}U_m^{\mathrm{FLOC}}(y,m,p)=-\frac{1}{r+p};U^{\mathrm{FLOC}}(y,m,p)=0,y\leqslant\ln m\tag{6.28}$$

尽管最后一个条件微不足道，但在期权定价问题中起着很大的作用。因为它暗示着由于较大的跳（$J<\ln m-y$），FLOC 值将变为 0。我们引进算子：

$$\Lambda(U)=\frac{1}{2}\sigma^2U_{yy}+\mu U_y-(r+p+\lambda)U$$

设 $U^{\mathrm{FLOC}}(y,m,p)$，有

$$U^{\mathrm{FLOC}}(y,m,p)=C_2(m)e^{\psi_{2y}}+C_3(m)e^{\psi_{1y}}+\frac{e_y}{d+p}-\frac{m}{r+p}\tag{6.29}$$

我们现在来求常数 C_2 和 C_3。记(6.29)的偏微分为 $U_m^{\mathrm{FLOC}}(y,m,p)$ 和 $C'_i=C'_i(m),i=2,3$。考虑期望：

$$\begin{aligned}I&=\int_{-\infty}^{\infty}U_m^{\mathrm{FLOC}}(y+J,m,p)\bar{\omega}(J)\mathrm{d}J\\&=\int_{-\infty}^{0}U_m^{\mathrm{FLOC}}(y+J,m,p)\bar{\omega}^{-}(J)\mathrm{d}J+\int_{0}^{\infty}U_m^{\mathrm{FLOC}}(y+J,m,p)\bar{\omega}^{+}(J)\mathrm{d}J\\&=\int_{-\infty}^{\ln m-y}U_m^{\mathrm{FLOC}}(y+J,m,p)\bar{\omega}^{-}(J)\mathrm{d}J+\int_{\ln m-y}^{0}U_m^{\mathrm{FLOC}}(y+J,m,p)\bar{\omega}^{-}(J)\mathrm{d}J\\&\quad+\int_{0}^{\infty}U_m^{\mathrm{FLOC}}(y+J,m,p)\bar{\omega}^{+}(J)\mathrm{d}J=I_1+I_2+I_3\end{aligned}$$

很明显 $I_1=0$，由(6.29)直接计算有：$I_3=q^{+}\sum_{i=2}^{3}\dfrac{C'_ie^{\psi_{iy}}}{\eta_1\psi_i-1}-\dfrac{q^{+}}{r+p}$，

$$I_2=q^{-}\sum_{i=2}^{3}\frac{C'_ie^{\psi_{iy}}}{\eta_2\psi_i+1}-\frac{q^{-}}{r+p}-q^{-}e^{\frac{1}{\eta_2}(\ln m-y)}\left[\sum_{i=2}^{3}\frac{C'_im^{\psi_i}}{\eta_1\psi_i-1}-\frac{1}{r+p}\right]$$

现在考虑 $\Delta = \Lambda(U_m^{\text{FLOC}}) + \lambda(I_2 + I_3)$，正如所期望的应有 $\Delta = 1$。

因此，我们得到了求解 C'_2 和 C'_3 的方程组：

$$\begin{cases} \dfrac{C'_2(m)\mathrm{e}^{\psi_2}}{\eta_1\psi_2 - 1} + \dfrac{C'_3(m)\mathrm{e}^{\psi_3}}{\eta_1\psi_3 - 1} = \dfrac{1}{r+p} \\ C'_2(m)m^{\psi_2} + C'_3(m)m^{\psi_3} = \dfrac{1}{r+p} \\ C_2(0) = C_3(0) = 0 \end{cases} \tag{6.30}$$

假设 C_i 满足(6.30)的第一个方程，容易验证由(6.29)给出的 $U^{\text{FLOC}}(y,m,p)$ 满足(6.26)。最终的定价公式由(6.24)给出。

6.5.3 上限型买权的定价

上限型买权是当原风险资产价格达到合约规定的上限 $K_2(K_2>K_1)$时，发行人有权按价格 K_2-K_1 回购，这个规定的设置就是保证期权发行人能控制由于卖出看涨期权所面临的风险，因此到期日 T 时的现金流为

$$V(S_T,T) = \begin{cases} 0, S_T \leqslant K \\ S_T - K, K < S_T < K_1 \\ K_1 - K, S_T \geqslant K_1 \end{cases} \tag{6.31}$$

其中 $K<K_1$ 已知。于是式(6.31)可写成

$$V(S_T,T) = \max\{S_T - K, 0\} - \max\{S_T - K_1, 0\}$$

这样，由定理 6.3 直接可得

定理 6.6 如果市场模型满足式(6.1)～(6.3)，则双指数跳扩散模型下欧式上限型买权在 $t=0$ 时价格为

$$\begin{aligned} \mathrm{CC}(S,0) = {} & S\Big[\Upsilon(a,\sigma,\lambda^*,p^*,\eta_1^*,\eta_2^*;-\ln\Big(\frac{S}{K}\Big),T) - \\ & \Upsilon(a,\sigma,\lambda^*,p^*,\eta_1^*,\eta_2^*;-\ln\Big(\frac{S}{K_1}\Big),T)\Big] - \\ & \mathrm{e}^{-rT}\Big[K\Upsilon(a-\sigma^2,\sigma,\lambda,p,\eta_1,\eta_2;-\ln\Big(\frac{S}{K}\Big),T) - \\ & K_1\Upsilon(a-\sigma^2,\sigma,\lambda,p,\eta_1,\eta_2;-\ln\Big(\frac{S}{K_1}\Big),T)\Big] \\ & a = r + \frac{1}{2}\sigma^2 - \lambda k \end{aligned} \tag{6.32}$$

6.5.4 欧式双向期权的定价

欧式双向期权是期权持有人可以在未来某 T 时刻(到期日)以规定的执行价 K 买进或卖出某指定标的资产 S。由于在 T 时该期权的收益

$$V(S_T,T)=|S_T-K|=\max\{S_T-K,0\}+\max\{K-S_T,0\} \tag{6.33}$$

即欧式双向期权在终期 T 的收益可以分解成两个到期日相同,执行价格相同的基于一个标的资产的一个看涨期权和一个看跌期权的终期收益之和。

定理 6.7 如果市场模型满足式(6.1)~(6.3),则双指数跳扩散模型下欧式双向期权 $t=0$ 时价格为

$$\begin{aligned}\mathrm{BDE}(S,0)=&S\left[2\Upsilon(a,\sigma,\lambda^*,p^*,\eta_1^*,\eta_2^*;-\ln\left(\frac{S}{K}\right),T)-1\right]-\\&Ke^{-rT}\left[2\Upsilon(a-\sigma^2,\sigma,\lambda,p,\eta_1,\eta_2;-\ln\left(\frac{S}{K}\right),T)-1\right]\end{aligned} \tag{6.34}$$

证明 由期权在 T 期的收益式(6.33),风险中性定价理论以及(6.13)、(6.14)知,欧式双向期权在 $t=0$ 时价格为

$$\begin{aligned}BDE(S,0)&=E[e^{-rT}V(S_T,T)]\\&=E[e^{-rT}(S_T-K)^+]+E[e^{-rT}(K-S_T)^+]=C_E(S,0)+P_E(S,0)\\&=S\left[2\Upsilon(r+\frac{1}{2}\sigma^2-\lambda k,\sigma,\lambda^*,p^*,\eta_1^*,\eta_2^*;-\ln\left(\frac{S}{K}\right),T)-1\right]-\\&\quad Ke^{-rT}\left[2\Upsilon(r-\frac{1}{2}\sigma^2-\lambda k,\sigma,\lambda,p,\eta_1,\eta_2;-\ln\left(\frac{S}{K}\right),T)-1\right]\end{aligned}$$

6.5.5 简单任选期权的定价

任选期权是允许持有人在期权到期日之前的某一个特定的时间点,能选择期权,或者是看涨期权或者是看跌期权。假设持有人做出选择的时间点为 T_*,此时任选期权在 T_* 的现金流为:

$$V_*=\max\{C_E(S(T_*),T_*),P_E(S(T_*),T_*)\} \tag{6.35}$$

其中 $C_E(S(T_*),T_*)$ 为任选期权的标的看涨期权在 T_* 时价值,$P_E(S(T_*),T_*)$ 为任选期权的标的看跌期权在 T_* 时价值。如果任选期权的两个标的期权都是欧

式的且具有相同执行价 K 和到期日 T,则称该任选期权为简单任选期权,运用看涨-看跌期权的平价关系来计算其价格,于是

$$V_* = C_E(S(T_*),T_*) + \max\{0, Ke^{-r(T-T_*)} - S(T_*)\}$$

则有

定理 6.8 如果市场模型满足式(6.1)～(6.3),则双指数跳扩散模型下简单任选期权在 $t=0$ 时价格为

$$\begin{aligned}\mathrm{SC}(S,0) = & S\Big[\Upsilon\Big(a,\sigma,\lambda^*,p^*,\eta_1^*,\eta_2^*;-\ln\Big(\frac{S}{K}\Big),T\Big)+\\ & \Upsilon\Big(a,\sigma,\lambda^*,p^*,\eta_1^*,\eta_2^*;-\ln\Big(\frac{S}{Ke^{-r(T-T_*)}}\Big),T_*\Big)-1\Big]-\\ & Ke^{-rT}\Big[\Upsilon\Big(a-\sigma^2,\sigma,\lambda,p,\eta_1,\eta_2;-\ln\Big(\frac{S}{K}\Big),T\Big)+\\ & \Upsilon\Big(a-\sigma^2,\sigma,\lambda,p,\eta_1,\eta_2;-\ln\Big(\frac{S}{Ke^{-r(T-T_*)}}\Big),T_*\Big)-1\Big]\end{aligned}$$

证明 显然,在风险中性定价意义下,简单任选期权在 $t=0$ 时价格为

$$\begin{aligned}\mathrm{SC}(S,0) &= E[e^{-rT_*}V_*]\\ &= E[e^{-rT_*}(C_E(S(T_*),T_*) + \max\{0,Ke^{-r(T-T_*)} - S(T_*)\})]\\ &= E[e^{-rT}(S_T-K)^+] + E[e^{-rT_*}(Ke^{-r(T-T_*)} - S(T_*))^+]\end{aligned}$$

而 $E[e^{-rT_*}(Ke^{-r(T-T_*)} - S(T_*))^+]$ 是到期日为 T_*,执行价为 $Ke^{-r(T-T_*)}$ 的欧式看跌期权 $t=0$ 时的价格,因此

$$\begin{aligned}E[e^{-rT_*}(Ke^{-r(T-T_*)} - S(T_*))^+] = & S\Upsilon\Big(r+\frac{1}{2}\sigma^2-\lambda k,\sigma,\lambda^*,p^*,\eta_1^*,\eta_2^*;\\ & -\ln\Big(\frac{S}{Ke^{-r(T-T_*)}}\Big),T_*\Big) - e^{-rT_*}\cdot Ke^{-r(T-T_*)}\Upsilon\Big(r-\frac{1}{2}\sigma^2-\lambda k,\sigma,\lambda,p,\eta_1,\eta_2;\\ & -\ln\Big(\frac{S}{Ke^{-r(T-T_*)}}\Big),T_*\Big) + Ke^{-r(T-T_*)}\cdot e^{-rT_*} - S\\ = & [Ke^{-rT}-S] + S\Upsilon\Big(r+\frac{1}{2}\sigma^2-\lambda k,\sigma,\lambda^*,p^*,\eta_1^*,\eta_2^*;-\ln\Big(\frac{S}{Ke^{-r(T-T_*)}}\Big),T_*\Big)\\ & -Ke^{-rT}\Upsilon\Big(r-\frac{1}{2}\sigma^2-\lambda k,\sigma,\lambda,p,\eta_1,\eta_2;-\ln\Big(\frac{S}{Ke^{-r(T-T_*)}}\Big),T_*\Big)\end{aligned}$$

由定理 6.3,综合上述得结论。

6.5.6 滞后付款期权的定价

滞后付款期权是规定了期权持有人执行期权时在到期日支付一定的溢酬，它提供了某种防止价格单方向剧烈变动的保险。因此，期权在到期日 T 时的欧式看涨期权的收益为

$$V(S_T,T)=\max\{S_T-K-C_T,0\} \tag{6.36}$$

其中 C_T 是期权到期日支付的期权溢酬。这样，当 $S_T>K$ 时期权要付出 S_T-K-C_T，否则其收益为零。

利用定理 6.3 可知滞后付款的欧式看涨期权在 $t=0$ 时的价格为

$$\begin{aligned}\mathrm{DP}(S,0)=&S\Upsilon\left(a,\sigma,\lambda^*,p^*,\eta_1^*,\eta_2^*;-\ln\left(\frac{S}{K}\right),T\right)\\&-(K+C_T)\mathrm{e}^{-rT}\Upsilon\left(a-\sigma^2,\sigma,\lambda,p,\eta_1,\eta_2;-\ln\left(\frac{S}{K}\right),T\right)\end{aligned}$$

然而，在期权合约起动时，溢酬 C_T 必定以下列方式确定：当合约价值为零，即 $\mathrm{DP}(S,0)=0$ 时

$$C_T=\frac{S\mathrm{e}^{-rT}\Upsilon\left(a,\sigma,\lambda^*,p^*,\eta_1^*,\eta_2^*;-\ln\left(\frac{S}{K}\right),T\right)}{\Upsilon\left(a-\sigma^2,\sigma,\lambda,p,\eta_1,\eta_2;-\ln\left(\frac{S}{K}\right),T\right)}-K \tag{6.37}$$

于是得下面定理：

定理 6.9　如果市场模型满足式(6.1)～(6.3)，则双指数跳扩散模型下滞后付款欧式看涨期权在 $t=0$ 时价格为

$$\begin{aligned}\mathrm{DP}(S,0)=&S\Upsilon\left(a,\sigma,\lambda^*,p^*,\eta_1^*,\eta_2^*;-\ln\left(\frac{S}{K}\right),T\right)\\&-(K+C_T)\mathrm{e}^{-rT}\Upsilon\left(a-\sigma^2,\sigma,\lambda,p,\eta_1,\eta_2;-\ln\left(\frac{S}{K}\right),T\right)\end{aligned}$$

其中 C_T 满足式(6.37)。

注记：滞后付款期权给出了一个购买一份数字看涨期权且出售一份同到期日和执行价的欧式看涨期权的风险对冲组合投资。

我们知道，一个标准看涨期权在到期日 T 时的收益是股价的线性函数 $(S_T-K)^+$。然而，在实际中存在更多的看涨期权的收益具有以下形式：

$$V(S,T)=(g(S_T)-K)^+ \tag{6.38}$$

其中 $g(x)$ 为确定性函数。因此这种收益的期权是一类非线性支付期权，当 $g(x)=x^\gamma$ 时，称之为指数期权，$\eta_1>\gamma>0$ 为指数参数。由式(6.4)可得

$$\begin{aligned}\ln\frac{S_T^\gamma}{S_0^\gamma}&=\gamma\left(r-\frac{1}{2}\sigma^2-\lambda k\right)T+\sigma_\gamma W_T+\sum_{i=1}^{N_t}(\gamma Y_i)\\&=\gamma\left(r-\frac{1}{2}\sigma^2-\lambda k\right)T+\sigma_\gamma W_T+\sum_{i=1}^{N_t}v_i\end{aligned} \tag{6.39}$$

此时，v 的概率分布为

$$\begin{aligned}f_v(y)&=p\frac{\eta_1}{\gamma}e^{-\frac{\eta_1}{\gamma}y}I_{\{y\geqslant 0\}}+q\frac{\eta_2}{\gamma}e^{\frac{\eta_2}{\gamma}y}I_{\{y<0\}}\\&=p\overline{\eta}_1e^{-\overline{\eta}_1y}I_{\{y\geqslant 0\}}+q\overline{\eta}_2e^{\overline{\eta}_2y}I_{\{y<0\}}\end{aligned} \tag{6.40}$$

记 $C_\gamma(S,0)$ 为指数期权 $t=0$ 时刻的价格，则

$$C_\gamma(S,0)=E[e^{-rT}(S_T^\gamma-K)^+]=E[e^{-rT}S_T^\gamma I_{\{S_T^\gamma\geqslant K\}}]-Ke^{-rT}E[I_{\{S_T^\gamma\geqslant K\}}]$$

类似第 6.2 节计算即可得结论。

定理 6.10 如果市场模型满足式(6.1)～(6.3)，则双指数跳扩散模型下欧式指数看涨期权价格为

$$\begin{aligned}C_\gamma(S,0)=&S^\gamma\Upsilon\left(\gamma a,\gamma\sigma,\lambda^*,p^*,\overline{\eta}_1^*,\overline{\eta}_2^*;-\ln\left(\frac{S^\gamma}{K}\right),T\right)\\&-Ke^{-rT}\Upsilon\left(\gamma a-\sigma^2\gamma^2,\gamma\sigma,\lambda,p,\overline{\eta}_1,\overline{\eta}_2;-\ln\left(\frac{S^\gamma}{K}\right),T\right)\end{aligned}$$

注记：当 $\gamma=1$ 时，即为标准欧式看涨期权定价定理 6.3，当 $\gamma=2$ 时，即为平方期权。

第7章　加权平均指数跳扩散模型下的期权定价

众所周知，与正态分布相比，资产收益分布有厚尾现象，但是到底有多“厚”？加权平均指数分布能近似任何分布，包括正态分布和各种各样的厚尾分布。此外，继 Black-Scholes 模型后的很多模型能给出欧式期权的解析定价，但对于路径依赖型期权的解析定价却很难。Davydov 在 CEV 模型、Carr 在指数 Levy 模型下，研究了路径依赖型期权的定价问题，推出了一些障碍期权和回望期权的解析公式，但这些公式的计算是相当复杂的。本章我们将双指数跳扩散模型进行延伸，给出加权平均指数跳扩散模型(weighted average exponential jump-diffusion model)，模型中资产价格的跳跃为指数分布的加权平均；在第三节，对回望期权做拉普拉斯变换，并利用欧拉反演算和蒙特卡罗模拟两种方法得到了加权平均指数跳扩散模型下回望看跌期权价格的数值结果，看涨期权的公式可以相应地得到；在第四节，对上升入局看涨障碍期权作二重拉普拉斯变换，并同样在欧拉反演算法和蒙特卡罗模拟两种方法下得到在加权平均指数跳扩散模型下上升入局看涨障碍期权价格的数值结果，其他障碍期权的价格可类似得到。

7.1　加权平均指数跳扩散模型

7.1.1　加权平均指数的跳扩散模型

在风险中性测度 Q 下，我们假设标的资产价格 S_t 满足下式随机微分方程：

$$\frac{\mathrm{d}S_t}{S_t} = r\mathrm{d}t + \sigma \mathrm{d}W_t + \mathrm{d}\left(\sum_{i=1}^{N_t}(V_i - 1)\right) \tag{7.1}$$

其中 r 是无风险利率，σ 是波动率，均为常数；N_t 是参数为 λ 的泊松过程，W_t 是标准布朗运动；$Y_i = \log(V_i), i = 1,2,\cdots$ 是独立同分布的加权平均指数随机变量序列，其概率密度函数为

$$f_Y(y) = p\sum_{i=1}^{m} p_i\eta_i e^{-\eta_i y} I_{\{y\geqslant 0\}} + q\sum_{j=1}^{n} q_j\nu_j e^{-\nu_j y} I_{\{y<0\}} \tag{7.2}$$

其中 p 、$q \geqslant 0$ ，$p+q=1$ 代表向上跳和向下跳的概率；$p_i \in (-\infty, +\infty)$ ($i = 1,2,\cdots,m$)，且 $\sum_{i=1}^{m} p_i = 1$ ；$q_j \in (-\infty, +\infty)$ ($j = 1,2,\cdots,n$)，且 $\sum_{j=1}^{n} q_j = 1$ ；$\eta_i > 1(i = 1,2,\cdots,m)$ ，为向上跳的跳跃高度，$\nu_j > 0(j = 1,2,\cdots,n)$ 为向下跳的跳跃高度。假设 N_t ，W_t 与 Y_i 是独立的。

通过求解随机微分方程(7.1)我们得到，在加权平均指数跳扩散模型下，收益过程 $X_t = \log\left(\frac{S_t}{S_0}\right)$ 由

$$X_t = \mu t + \sigma W_t + \sum_{i=1}^{N_t} Y_i \text{ , } X_0 = 0$$

给出，其中 $\mu = r - \frac{\sigma^2}{2} - \lambda\xi$ ，$\xi = E[e^{Y_1}] - 1 = p\sum_{i=1}^{m}\frac{p_i\eta_i}{\eta_i - 1} + q\sum_{j=1}^{n}\frac{q_j\nu_j}{\nu_j + 1} - 1$ 。

X_t 的矩母函数 $E[e^{yX_t}] = e^{G(y)t}$ ，$t \geqslant 0$ ，$y \in (-\nu_1, \eta_1)$ ，其中 $G(y)$ 称为 Levy 过程 X_t 的指数，定义为：

$$G(y) = \frac{\sigma^2}{2}y^2 + \mu y - \lambda\left(p\sum_{i=1}^{m}\frac{p_i\eta_i}{\eta_i - y} + q\sum_{j=1}^{n}\frac{q_j\nu_j}{\nu_j + y} - 1\right) \tag{7.3}$$

此外，$\{X_t\}$ 的无穷小生成元由下式给出：

$$L(x) = \frac{\sigma^2}{2}u''(x) + \mu u'(x) + \lambda\int_{-\infty}^{+\infty}[u(x+y) - u(x)]f_Y(y)\mathrm{d}y \tag{7.4}$$

其中，$g(x)$ 是任意的、具有二阶连续的可导函数。

7.1.2 首次通过时间与过冲

为了给出奇异期权的定价，首先给出首次通过时间(first passage time)，设 τ_b 为首次通过时间，则

$$\tau_b = \inf\{t \geqslant 0, X_t \geqslant b\} \text{ , } b > 0 \tag{7.5}$$

其中 b 为边界水平。

特别的，φ 的下确界定义为 $+\infty$ ，且 $X_{\tau_b} = \limsup_{t\to+\infty} X_t$ 。当跳扩散过程穿过边界时，有时会精确地撞击边界，有时则会跨过边界，即发生过冲(overshoot) $X_{\tau_b} - b$。

由于过冲的出现，我们需要解决两个问题：一是过冲 $X_{\tau_y}-y$ 的精确分布，尤其是 $P(X_{\tau_b}-b=0)$，当 $x>0$ 时 $P(X_{\tau_b}-b>x)$；二是过冲 $X_{\tau_b}-b$ 和首次通过时间 τ_b 的依赖结构。引入积分一微分方程：

$$\begin{cases} L(x)-\rho u(x)=\dfrac{\sigma^2}{2}u''(x)+\mu u'(x)-(\lambda+\rho)u(x)+ \\ \qquad\lambda\displaystyle\int_{-\infty}^{+\infty}u(x+y)f_Y(y)\mathrm{d}y & x<x_0 \\ u(x)=g(x) & x\geqslant x_0 \end{cases} \tag{7.6}$$

其中，$\rho>0$，L 是 $\{X_t\}$ 的无穷小生成元，由(7.4)给出，$g(x)$ 为给定的已知函数。下面通过求解方程(7.5)再结合鞅方法给出 4 个结论：

1. 方程 $G(y)=\rho$ 的根

定理 7.1　对足够大的 $\rho>0$，方程 $G(y)=\rho$ 有 $m+n+2$ 个不同的实根，更精确地，方程 $G(y)=\rho$ 有 $m+1$ 个正根 $\beta_{1,\rho},\beta_{2,\rho},\cdots,\beta_{m+1,\rho}$ 和 $n+1$ 个负根 $\gamma_{1,\rho}\gamma_{2,\rho}\cdots\gamma_{n+1,\rho}$，即

$$-\infty<\gamma_{n+1,\rho}<\cdots<\gamma_{2,\rho}<\gamma_{1,\rho}<0<\beta_{1,\rho}<\beta_{2,\rho}<\cdots<\beta_{m+1,\rho}<+\infty \tag{7.7}$$

证明　不失一般性，假设 p，$q>0$，$p_i\neq 0$（$i=1,2,\cdots,m$）且 $q_j\neq 0$（$j=1,2,\cdots,n$），显然，$G(y)-\rho$ 与 $(G(y)-\rho)\prod_{i=1}^{m}(x-\eta_i)\prod_{j=1}^{n}(x+\nu_j)$ 有一样的根，而 $(G(y)-\rho)\prod_{i=1}^{m}(x-\eta_i)\prod_{j=1}^{n}(x+\nu_j)$ 为 $m+n+2$ 次多项式，故有 $m+n+2$ 个根。因此方程 $G(y)=\rho$ 有 $m+n+2$ 个根。

下面只要证明方程 $G(y)=\rho$ 有 $m+n+2$ 个实根，且有 $m+1$ 个正根和 $n+1$ 个负根，由于对称性，只证明 $G(y)=\rho$ 有 $m+1$ 个正根。

对于函数 $G(y)$ 存在 m 个正奇异点 $\eta_1,\eta_2,\cdots,\eta_m$，这些点可以将 $(0,+\infty)$ 划分为 $m+1$ 个不相交区间：$(0,\eta_1)$，(η_1,η_2)，$\cdots$，(η_{m-1},η_m)，$(\eta_m,+\infty)$，因 $G(\eta_1^-)=+\infty$ $(p_1>0)$，$G(0)-\rho=-\rho$ (η_1,η_2)，我们知道对于任意的 $\rho>0$，方程 $G(y)=\rho$ 在区间 $(0,\eta_1)$ 至少有一个实根，因此，对于足够大的 $\rho>0$，方程在其他 m 个区间上存在 m 个实根。

为了方便，定义 $p_{m+1}=+\infty$，$\eta_{m+1}=+\infty$ 和两个集合 $\hbar^+$，$\hbar^-$，且

$$\hbar^+=\{p_i>0,p_{i+1}<0,i\in\{1,\cdots,m\}\}\text{，}\hbar^-=\{p_i<0,p_{i+1}>0,i\in\{1,\cdots,m\}\}$$

由于 $p_1>0$ 且 $p_{m+1}=+\infty>0$，集合 $\hbar^+$，$\hbar^-$ 的个数是一样的，因此，设集合中元

素的个数为 k 并设

$$\hbar^{+}=\{i_1^{+},\cdots,i_k^{+}\},\ \hbar^{-}=\{i_1^{-},\cdots,i_k^{-}\}$$

且必须有 $i_1^{+}<i_1^{-}<i_2^{+}<i_2^{-}<\cdots<i_k^{+}<i_k^{-}$，换句话说，集合 $\hbar^{+}$ 和 $\hbar^{-}$ 中元素是交替的。

将区间 (η_1,η_2)，…，(η_{m-1},η_m)，(η_m,η_{m+1}) 分为三类，第 Ⅰ 类：(η_i,η_{i+1})，$i\in\hbar^{+}$；第 Ⅱ 类：(η_i,η_{i+1})，$i\in\hbar^{-}$；第 Ⅲ 类：(η_i,η_{i+1})，$i\notin\hbar^{+}\cup\hbar^{-}$。则可得：

(1)若 $\hbar^{+}\neq\varnothing$，则在第 Ⅰ 类中，对足够大的 $\rho>0$，方程 $G(y)=\rho$ 在任意区间上没有实根；

(2)若 $\hbar^{-}\neq\varnothing$，则在第 Ⅱ 类中，对足够大的 $\rho>0$，方程 $G(y)=\rho$ 在任意区间上至少有一个实根；

(3)若 $\hbar^{+}\cup\hbar^{-}\neq\{1,\cdots,m\}$，则在第 Ⅲ 类中，对足够大的 $\rho>0$，方程 $G(y)=\rho$ 在任意区间上至少有两个实根。

事实上，由于 $p_i<0,p_{i+1}>0$，(1)暗含 $G(\eta_i^{+})=G(\eta_{i+1}^{+})=-\infty$，因此(2)是正确的，对于(3)，若 $i\notin\hbar^{+}\cup\hbar^{-}$，则有 $p_i>0,p_{i+1}>0$ 或 $p_i<0,p_{i+1}<0$，前一种情况下，可得 $G(\eta_i^{+})=-\infty$，$G(\eta_{i+1}^{-})=+\infty$；后一种情况下，可得 $G(\eta_i^{+})=+\infty$，$G(\eta_{i+1}^{-})=-\infty$。因此(3)结果成立。

因集合 $\hbar^{+}$，$\hbar^{-}$ 的个数是一样的，所以第 Ⅰ 类和第 Ⅱ 类的区间个数也是一样的，因此，对足够大的 $\rho>0$，方程 $G(y)=\rho$ 在 m 个区间 (η_1,η_2)，…，(η_{m-1},η_m)，(η_m,η_{m+1}) 上必有 m 个实根。

2.精确地求解方程(7.6)

定义 7.1 方程

$$\sum_{k=0}^{N}a_k u^{(k)}(x)+\sum_{i=1}^{M}\left(r_i\vartheta_i\mathrm{e}^{-\vartheta_i x}\int_{\pm\infty}^{x}u(z)\mathrm{e}^{\vartheta_i z}\mathrm{d}z\right)=0$$

的特征向量定义为

$$(N,M,a_0,a_1,\cdots,a_N,r_1,r_2,\cdots,r_M,\vartheta_1,\vartheta_2,\cdots,\vartheta_M)$$

其中 N,M 分别表示方程中第一项微分方程的阶和第二项积分项的个数，$a_0,a_1,\cdots,a_N$ 是微分方程的系数，$r_1,r_2,\cdots,r_M,\vartheta_1,\vartheta_2,\cdots,\vartheta_M$ 是与积分项有关的数。

定义 7.2 方程

$$\sum_{k=0}^{N}a_k x^k+\sum_{i=1}^{M}\frac{r_i\vartheta_i}{\vartheta_i+x}=0$$

的特征向量定义为

$$(N, M, a_0, a_1, \cdots, a_N, r_1, r_2, \cdots, r_M, \vartheta_1, \vartheta_2, \cdots, \vartheta_M)$$

其中 N, M 分别表示方程中第一项多项式函数的最高次幂和第二项分数项的个数，$a_0, a_1, \cdots, a_N$ 是多项式函数的系数，$r_1, r_2, \cdots, r_M, \vartheta_1, \vartheta_2, \cdots, \vartheta_M$ 是与分数项有关的数。

从定义 7.1 和 7.2 可以看到，方程和特征向量是一一对应的，因此，对定义 7.1 和 7.2 中方程的研究可以转化为对其特征向量的研究。

定义 7.3　作用于方程

$$\sum_{k=0}^{N} a_k u^{(k)}(x) + \sum_{i=1}^{M}\left(r_i \vartheta_i \mathrm{e}^{-\vartheta_i x}\int_{\pm\infty}^{x} u(z)\mathrm{e}^{\vartheta_i z}\,\mathrm{d}z\right) = 0$$

关于 ϑ_M 的算子 A 能产生新的方程，将其定义为

$$\begin{aligned}&\mathrm{A}_{\vartheta_M}(N, M, a_0, a_1, \cdots, a_N, r_1, r_2, \cdots, r_M, \vartheta_1, \vartheta_2, \cdots, \vartheta_M)\\&= (N+1, M-1, \vartheta_M a_0 + \sum_{i=1}^{M} r_i\vartheta_i, \vartheta_M a_1 + a_0, \cdots, \vartheta_M a_N + a_{N-1}, a_N,\\&\quad r_1(\vartheta_M - \vartheta_1), r_2(\vartheta_M - \vartheta_2), \cdots, r_{M-1}(\vartheta_M - \vartheta_{M-1}), \vartheta_1, \vartheta_2, \cdots, \vartheta_{M-1})\text{。}\end{aligned}$$

定义 7.4　作用于方程

$$\sum_{k=0}^{N} a_k x^k + \sum_{i=1}^{M}\frac{r_i\vartheta_i}{\vartheta_i + x} = 0$$

关于 ϑ_M 的算子 B 能产生新的方程，将其定义为

$$\begin{aligned}&\mathrm{B}_{\vartheta_M}(N, M, a_0, a_1, \cdots, a_N, r_1, r_2, \cdots, r_M, \vartheta_1, \vartheta_2, \cdots, \vartheta_M)\\&= (N+1, M-1, \vartheta_M a_0 + \sum_{i=1}^{M} r_i\vartheta_i, \vartheta_M a_1 + a_0, \cdots, \vartheta_M a_N + a_{N-1}, a_N,\\&\quad r_1(\vartheta_M - \vartheta_1), r_2(\vartheta_M - \vartheta_2), \cdots, r_{M-1}(\vartheta_M - \vartheta_{M-1}), \vartheta_1, \vartheta_2, \cdots, \vartheta_{M-1})\text{。}\end{aligned}$$

定理 7.2　设定义 7.1 和 7.2 中的方程有相同的特征向量，A,B 为定义 7.3 和 7.4 中关于 $\vartheta_M\vartheta_i(i=1,2,M)$ 的算子，则算子 A,B 产生的新的方程的特点为：增加一个微分项将会减少一个积分项；增加多项式的一项将会减少一个分数项且定义 7.3 和 7.4 中的新的方程仍然有相同的特征向量。

定理 7.3　对足够大的 $\rho > 0$，方程 $G(y) = \rho$ 有 $m+n+2$ 个不同的实根，满足(7.7)，方程(7.6)的任意解 $u(x)$ 也是 $m+n+2$ 阶常系数线性微分方程的解，其特征方程为 $(G(y)-\rho)\prod_{i=1}^{m}(x-\eta_i)\prod_{j=1}^{n}(x+\nu_j) = 0$，因此，方程(7.6)的解 $u(x)$ 满足

$$u(x)=\sum_{i=1}^{m+1}c_i\mathrm{e}^{\beta_{i,\rho}x}+\sum_{j=1}^{n+1}d_j\mathrm{e}^{\gamma_{j,\rho}x} \tag{7.8}$$

其中，$c_1,c_2,\cdots,c_{m+1}$，$d_1,d_2,\cdots,d_{m+1}$ 是待定常数。

证明 把方程(7.6)的积分部分写为

$$\begin{aligned}\mathrm{IL}&=\int_{-\infty}^{+\infty}u(x+y)f_Y(y)\mathrm{d}y\\&=\sum_{i=1}^{m}pp_i\eta_i\int_0^{+\infty}u(x+y)\mathrm{e}^{-\eta_i y}\mathrm{d}y+\sum_{j=1}^{n}qq_j\nu_j\int_{-\infty}^{0}u(x+y)\mathrm{e}^{\nu_j y}\mathrm{d}y\end{aligned}$$

做变换 $z=x+y$，则

$$\eta_i\int_0^{+\infty}u(x+y)\mathrm{e}^{-\eta_i y}\mathrm{d}y=-\eta_i\mathrm{e}^{\eta_i x}\int_{+\infty}^{x}u(z)\mathrm{e}^{-\eta_i z}\mathrm{d}z$$

$$\nu_j\int_{-\infty}^{0}u(x+y)\mathrm{e}^{\nu_j y}\mathrm{d}y=\nu_j\mathrm{e}^{-\nu_j x}\int_{-\infty}^{x}u(z)\mathrm{e}^{\nu_j z}\mathrm{d}z$$

因此

$$\mathrm{IL}=\sum_{i=1}^{m}pp_i(-\eta_i)\mathrm{e}^{\eta_i x}\int_{+\infty}^{x}u(z)\mathrm{e}^{-\eta_i z}\mathrm{d}z+\sum_{j=1}^{n}qq_j\nu_j\mathrm{e}^{-\nu_j x}\int_{-\infty}^{x}u(z)\mathrm{e}^{\nu_j z}\mathrm{d}z$$

则方程(7.6)变为

$$\frac{\sigma^2}{2}u''(x)+\mu u'(x)-(\lambda+\rho)u(x)+$$

$$\lambda\Big(\sum_{i=1}^{m}pp_i(-\eta_i)\mathrm{e}^{\eta_i x}\int_{+\infty}^{x}u(z)\mathrm{e}^{-\eta_i z}\mathrm{d}z+\sum_{j=1}^{n}qq_j\nu_j\mathrm{e}^{-\nu_j x}\int_{-\infty}^{x}u(z)\mathrm{e}^{\nu_j z}\mathrm{d}z\Big)=0$$

为了简便，把向上跳和向下跳的两部分合并，上式可写为

$$\frac{\sigma^2}{2}u''(x)+\mu u'(x)-(\lambda+\rho)u(x)+\lambda\sum_{i=1}^{M}r_i\vartheta_i\mathrm{e}^{-\vartheta_i x}\int_{\pm\infty}^{x}u(z)\mathrm{e}^{\vartheta_i z}\mathrm{d}z=0 \tag{7.9}$$

其中

$$M=m+n,\ r_i=pp_i,\ \vartheta_i=-\eta_i,\ i=1,2,\cdots,m$$

$$r_i=qq_{i-m},\ \vartheta_i=-\nu_{i-m},\ i=m+1,m+2,\cdots,m+n$$

当 $\vartheta_i<0$ 时，积分的 $\int_{\pm\infty}^{x}u(z)\mathrm{e}^{\vartheta_i z}\mathrm{d}z$ 下限为 $+\infty$；当 $\vartheta_i>0$ 时，积分的 $\int_{\pm\infty}^{x}u(z)\mathrm{e}^{\vartheta_i z}\mathrm{d}z$ 下限为 $-\infty$。

相应地，方程 $G(y)-\rho=0$ 可表示为

$$G(y)-\rho=\frac{\sigma^2}{2}y^2+\mu y-(\rho+\lambda)+\lambda\sum_{i=1}^{M}\frac{r_i\vartheta_i}{\vartheta_i+y}=0 \qquad (7.10)$$

方程(7.9)和(7.10)为定义 7.1 和 7.2 的特殊情况，根据定义可得(7.9)和(7.10)的特征向量是一样的，且为

$$\left(2,M,-\lambda-\rho,\mu,\frac{\sigma^2}{2},\lambda r_1,\lambda r_2,\cdots,\lambda r_M,\vartheta_1,\vartheta_2,\cdots,\vartheta_M\right)$$

利用定义 7.1 和 7.2，可将方程(7.9)变为 $m+2$ 阶常系数齐次线性微分方程，将(7.10)变为 $m+2$ 次多项式方程

$$(G(y)-\rho)(\vartheta_1+x)(\vartheta_2+x)\cdots(\vartheta_M+x)=0$$

由引理 7.1，可以得到方程 $(G(y)-\rho)(\vartheta_1+x)(\vartheta_2+x)\cdots(\vartheta_M+x)=0$ 实际上就是 $m+2$ 阶常系数齐次线性微分方程。

3. 首次通过时间 τ_b 和过冲 $X_{\tau_b}-b$ 的联合分布

定理 7.4　对一切足够大的 $\rho>0$，且 $\theta<\eta_1$，$x,b\in\mathbf{R}$，有

$$E^x\left[e^{-\rho\tau_b+\theta X_{\tau_b}}\right]=\begin{cases}e^{\theta x} & x\geqslant b\\ \sum_{i=1}^{m+1}\tilde{\omega}_i e^{\beta_{i,\rho}x} & x<b\end{cases}$$

其中 $x=X_0$，$\beta_{1,\rho},\beta_{2,\rho},\cdots,\beta_{m+1,\rho}$ 是方程 $G(x)=\rho$ 的 $m+1$ 个正根，且有 $\beta_{1,\rho}<\beta_{2,\rho}<\cdots<\beta_{m+1,\rho}$，$\tilde{\omega}=(\tilde{\omega}_1,\tilde{\omega}_2,\cdots,\tilde{\omega}_{m+1})^{\mathrm{T}}$ 为线性方程组 $AB\tilde{\omega}=d$ 的唯一解向量。而

$$d=e^{\theta b}\left(1,\quad\frac{\eta_1}{\eta_1-\theta},\frac{\eta_2}{\eta_2-\theta},\quad\cdots,\quad\frac{\eta_m}{\eta_m-\theta}\right),$$

$$B=\operatorname{diag}\left(e^{\beta_{1,\rho}b},\quad e^{\beta_{2,\rho}b},\quad\cdots,\quad e^{\beta_{m+1,\rho}b}\right)$$

$$A=\begin{bmatrix}1 & 1 & \cdots & 1\\ \frac{\eta_1}{\eta_1-\beta_{1,\rho}} & \frac{\eta_1}{\eta_1-\beta_{2,\rho}} & \cdots & \frac{\eta_1}{\eta_1-\beta_{m+1,\rho}}\\ \vdots & \vdots & \vdots & \vdots\\ \frac{\eta_m}{\eta_m-\beta_{1,\rho}} & \frac{\eta_m}{\eta_m-\beta_{2,\rho}} & \cdots & \frac{\eta_m}{\eta_m-\beta_{m+1,\rho}}\end{bmatrix}$$

特别地，当 $\theta=0$，对足够大的 $\rho>0$ 有

$$E^x[\mathrm{e}^{-\rho\tau_b}]=\begin{cases}1 & x\geqslant b\\ \sum_{i=1}^{m+1}\omega_i\mathrm{e}^{\beta_{i,\rho}x} & x<b\end{cases}$$

其中 $\omega=(\omega_1,\omega_2,\cdots,\omega_{m+1})^{\mathrm{T}}$ 为线性方程组 $AB\omega=1$ 的唯一正的解向量，$1=(1,\ 1,\ \cdots,\ 1)^{\mathrm{T}}$。

证明 为了简便，用 $\beta_1,\beta_2,\cdots,\beta_{m+1},\gamma_1,\gamma_2,\cdots,\gamma_{n+1}$ 表示 $\beta_{1,\rho},\beta_{2,\rho},\cdots,\beta_{m+1,\rho},\gamma_{1,\rho},\gamma_{2,\rho},\cdots,\gamma_{n+1,\rho}$。

若 $x\geqslant b$，因 $\tau_b=0$，$X_0=x$，因此 $E^x[\mathrm{e}^{-\rho\tau_b+\theta X_{\tau_b}}]=\mathrm{e}^{\theta x}$；当 $x<b$，$E^x[\mathrm{e}^{-\rho\tau_b+\theta X_{\tau_b}}]$ 是与方程 $L(x)=\rho u(x)$ 的解有关的函数，下面分两步来证明定理 7.4。

(1)**证明** 当 $x<b$ 时，方程 $L(x)=\rho u(x)$ 与当 $x\geqslant b$ 时，$u(x)=\mathrm{e}^{\theta x}$ 有相同的解。满足两个条件：$u(b^-)=u(b^+)=\mathrm{e}^{\theta b}$ 和有界的边界条件，即 $u(x)$ 接近 $-\infty$。

由定理 7.3 知，当 $x<b$ 时，$u(x)$ 具有形式

$$u(x)=\sum_{i=1}^{m+1}\tilde{\omega}_i\mathrm{e}^{\beta_{i,\rho}x}+\sum_{j=1}^{n+1}\nu_j\mathrm{e}^{\gamma_{j,\rho}x}$$

其中，$\tilde{\omega}_1,\tilde{\omega}_2,\cdots,\tilde{\omega}_{m+1},\nu_1,\nu_2,\cdots,\nu_{m+1}$ 是待定常数。因 $u(x)$ 接近 $-\infty$，可得

$$\nu_1=\nu_2=\cdots=\nu_{n+1}=0$$

另一方面，条件 $u(b^-)=u(b^+)=\mathrm{e}^{\theta b}$ 隐含

$$\tilde{\omega}_1\mathrm{e}^{\beta_1 b}+\tilde{\omega}_2\mathrm{e}^{\beta_2 b}+\cdots+\tilde{\omega}_{m+1}\mathrm{e}^{\beta_{m+1}b}=\mathrm{e}^{\theta b}\tag{7.11}$$

因对任意的 $x<b$，$\theta<\eta_1$

$$\begin{aligned}&\int_{-\infty}^{+\infty}u(x+y)f_Y(y)\mathrm{d}y\\ &=\int_{-\infty}^{0}u(x+y)(q\sum_{j=1}^{n}q_j\nu_j\mathrm{e}^{\nu_j y})\mathrm{d}y+\int_{0}^{b-x}u(x+y)(p\sum_{i=1}^{m}p_i\eta_i\mathrm{e}^{-\eta_i y})\mathrm{d}y\\ &\quad+\int_{b-x}^{+\infty}\mathrm{e}^{\theta(x+y)}(p\sum_{i=1}^{m}p_i\eta_i\mathrm{e}^{-\eta_i y})\mathrm{d}y\\ &=q\sum_{j=1}^{n}\left(q_j\nu_j\mathrm{e}^{-\nu_j x}\int_{-\infty}^{x}u(z)\mathrm{e}^{\nu_j z}\mathrm{d}z\right)+p\sum_{i=1}^{m}\left(p_i\eta_i\mathrm{e}^{\eta_i x}\int_{x}^{b}u(z)\mathrm{e}^{-\eta_i z}\mathrm{d}z\right)\\ &\quad+\int_{b-x}^{+\infty}\mathrm{e}^{\theta x}(p\sum_{i=1}^{m}p_i\eta_i\mathrm{e}^{-(\eta_i-\theta)y})\mathrm{d}y\end{aligned}$$

$$= q\sum_{j=1}^{n}\sum_{l}^{m+1}\tilde{\omega}_l\frac{q_j\nu_j}{\nu_j+\beta_l}e^{\beta_l x}+p\sum_{i=1}^{m}\sum_{l}^{m+1}\tilde{\omega}_l\frac{p_i\eta_i}{\eta_i+\beta_l}e^{\beta_l x}$$

$$-p\sum_{i=1}^{m}\sum_{l=1}^{m+1}\tilde{\omega}_l\frac{p_i\eta_i}{\eta_i-\beta_l}e^{\beta_l b}e^{\eta_i(x-b)}+p\sum_{i=1}^{m}\frac{p_i\eta_i}{\eta_i-\theta}e^{\theta b}e^{\eta_i(x-b)}$$

因此，对任意的 $x < b$，$\theta < \eta_1$，有

$$\frac{\sigma^2}{2}u''(x)+\mu u'(x)-(\lambda+\rho)u(x)+\lambda\int_{-\infty}^{+\infty}u(x+y)f_Y(y)\mathrm{d}y$$

$$=\sum_{l=1}^{m+1}[\tilde{\omega}_l e^{\beta_l x}(G(\beta_l)-\rho)]-\lambda p\sum_{i=1}^{m}\left(p_i e^{\eta_i(x-b)}\left[\sum_{l=1}^{m+1}\tilde{\omega}_l\frac{\eta_i e^{\beta_l b}}{\eta_i-\beta_l}-\frac{\eta_i}{\eta_i-\theta}e^{\theta b}\right]\right)$$

$$=-\lambda p\sum_{i=1}^{m}\left(p_i e^{\eta_i(x-b)}\left[\sum_{l=1}^{m+1}\tilde{\omega}_l\frac{\eta_i e^{\beta_l b}}{\eta_i-\beta_l}-\frac{\eta_i}{\eta_i-\theta}e^{\theta b}\right]\right)$$

$$=0$$

因 $\eta_1,\eta_2,\cdots,\eta_m$ 互不相等，得

$$\sum_{l=1}^{m+1}\tilde{\omega}_l\frac{\eta_i e^{\beta_l b}}{\eta_i-\beta_l}=\frac{\eta_i}{\eta_i-\theta}e^{\theta b},i=1,2,\cdots,m \tag{7.12}$$

由(7.11)和(7.12)即可得 $AB\tilde{\omega}=d$。

(2)证明方程

$$u(x)=\begin{cases}e^{\theta x} & x\geqslant b\\ \sum_{i=1}^{m+1}\tilde{\omega}_i e^{\beta_i x} & x<b\end{cases}$$

为 $E^x[e^{-\rho\tau_b+\theta X_{\tau_b}}]$。

从(1)中可知对任意的 $x<b$

$$-\rho u(x)+L(x)=0 \tag{7.13}$$

因 $u(x)$ 不是连续可微函数，不能对过程 $\{e^{-\rho t}u(X_t),t\geqslant 0\}$ 直接应用 Ito 公式。构造函数 $u_n(x)(n=1,2,\cdots)$，且 $u_n(x)$ 满足：

(1) $\lim\limits_{n\to\infty}u_n(x)=u(x)$；

(2)对任意的 n，$u_n(x)$ 具有二阶连续导数；

(3)当 $x\leqslant b$ 或 $x\geqslant b+\frac{1}{n}$，$u_n(x)=u(x)$；

(4)当 $x\in(b,b+\frac{1}{n})$，$0\leqslant u_n(x)\leqslant M_1$，其中 M_1 是常数；当 $x\leqslant b$，$|u_n(x)|$

$\equiv |u(x)| \leqslant M_2$，其中 $M_2 = \sum_{l=1}^{m+1} |\tilde{\omega}_l| e^{\beta_l b}$。

于是对任意的 x, n，

$$|u_n(x) - u(x)| \leqslant \max_{x \in (b, b+1/n)} u_n(x) + \max_{x \in (b, b+1/n)} u(x) \leqslant M_1 + \max(e^{\theta b}, e^{\theta(b+1)}) = M$$

令 $(Lu_n)(x) = \rho u(x) + \lambda \int_{b-x}^{b-x+1/n} [u_n(x+y) - u(x+y)] f_Y(y) dy$

则对任意的 $x < b$，

$$|-\rho u_n(x) + (Lu_n)(x)| \leqslant \lambda p \sum_{i=1}^{m} |p_i| \eta_i \int_{b-x}^{b-x+1/n} |u_n(x+y) - u(x+y)| dy$$

$$\leqslant \frac{\lambda p M \sum_{i=1}^{m} |p_i| \eta_i}{n} \to 0, (n \to +\infty)$$

对跳过程 $\{e^{-\rho t} u_n(X_t), t \geqslant 0\}$ 应用 Ito 公式，可得一系列局部鞅 $\{M_t^{(n)}, t \geqslant 0\}$ $(n = 1, 2, \cdots)$：

$$M_t^{(n)} = e^{-\rho(t \wedge \tau_b)} u_n(X_{t \wedge \tau_b}) - \int_0^{t \wedge \tau_b} e^{-\rho s} [-\rho u_n(X_s) + (Lu_n)(X_s)] ds$$

因对任意的 $t \geqslant 0, n = 1, 2, \cdots$

$$\begin{aligned} & |u_n(X_{t \wedge \tau_b})| \\ = & |u_n(X_{t \wedge \tau_b}) I_{\{t < \tau_b\}} + u_n(X_{t \wedge \tau_b}) I_{\{t \geqslant \tau_b, X_{\tau_b} < b+1/n\}} + u_n(X_{t \wedge \tau_b}) I_{\{t \geqslant \tau_b, X_{\tau_b} > b+1/n\}}| \\ & \leqslant \max(M_2, M_1, e^{\theta X_{\tau_b}} I_{\{t \geqslant \tau_b\}}) \end{aligned}$$

所以

$$|M_t^{(n)}| \leqslant |u_n(X_{t \wedge \tau_b})| + \int_0^{t \wedge \tau_b^-} |-\rho u_n(X_s) + (Lu_n)(X_s)| ds$$

$$\leqslant \max(M_2, M_1, e^{\theta X_{\tau_b}} I_{\{t \geqslant \tau_b\}}) + \frac{\lambda p M \sum_{i=1}^{m} |p_i| \eta_i}{n} t$$

若 $\theta \leqslant 0$，则 $\sup_{0 \leqslant s \leqslant t} |M_t^{(n)}| \leqslant \max(M_1, M_2, e^{\theta b}) + \frac{\lambda p M \sum_{i=1}^{m} |p_i| \eta_i}{n} t$。

若 $\theta \in (0, \eta_1)$，则 $\sup_{0 \leqslant s \leqslant t} |M_t^{(n)}| \leqslant \max(M_1, M_2, e^{\theta \sup_{0 \leqslant s \leqslant t} X_s}) + \frac{\lambda p M \sum_{i=1}^{m} |p_i| \eta_i}{n} t$

因此对任意的 $t \geqslant 0$, $x < b$,我们有

$$E^x M_t^{(n)} = E^x[\mathrm{e}^{-\rho(t\wedge\tau_b)} u_n(X_{t\wedge\tau_b})] - E^x\left[\int_0^{t\wedge\tau_b} \mathrm{e}^{-\rho s}[-\rho u_n(X_s) + (Lu_n)(X_s)]\mathrm{d}s\right]$$
$$= E^x M_0^{(n)} = u_n(X_0) = u_n(x) = u(x)$$

其中, $x = X_0$ 是 $\{X_t, t \geqslant 0\}$ 的起点,让 $n \to +\infty$ 并应用控制收敛定理可得:

$$\lim_{n\to+\infty} E^x[\mathrm{e}^{-\rho(t\wedge\tau_b)} u_n(X_{t\wedge\tau_b})] = E^x[\mathrm{e}^{-\rho(t\wedge\tau_b)} u(X_{t\wedge\tau_b})]$$

$$\lim_{n\to+\infty} E^x\left[\int_0^{t\wedge\tau_b} \mathrm{e}^{-\rho s}[-\rho u_n(X_s) + (Lu_n)(X_s)]\mathrm{d}s\right]$$
$$= \lim_{n\to+\infty} E^x\left[\int_0^{t\wedge\tau_b^-} \mathrm{e}^{-\rho s}[-\rho u_n(X_s) + (Lu_n)(X_s)]\mathrm{d}s\right] = 0$$

$$E^x[\mathrm{e}^{\theta X_{\tau_b}} I_{\{t\geqslant\tau_b\}}] \leqslant \mathrm{e}^{\theta b} I_{\{\theta\leqslant 0\}} + I_{\{\theta>0\}} \cdot E^x[\mathrm{e}^{\theta \sup_{0\leqslant s\leqslant t} X_s}] < +\infty, x \in \mathbf{R}$$

当 $\tau_b < +\infty$ 时, $u(X_{\tau_b}) = \mathrm{e}^{\theta X_{\tau_b}}$,因此,对任意的 $t \geqslant 0$, $x < b$,得

$$u(x) = E^x[\mathrm{e}^{-\rho(t\wedge\tau_b)} u(X_{t\wedge\tau_b})] = E^x[\mathrm{e}^{-\rho\tau_b} u(X_{\tau_b}) I_{\{\tau_b\leqslant t\}}] + E^x[\mathrm{e}^{-\rho t} u(X_t) I_{\{\tau_b>t\}}]$$
$$= E^x[\mathrm{e}^{-\rho\tau_b+\theta X_{\tau_b}} I_{\{\tau_b\leqslant t\}}] + E^x[\mathrm{e}^{-\rho t} u(X_t) I_{\{\tau_b>t\}}] \tag{7.14}$$

当 $\tau_b > t$ 时, $X_t < b$,因此, $|u(X_t)| \leqslant M_2$ 。由控制收敛定理,当 $t \to \infty$ 时,(7.14)中等式右端第二项收敛于 0 ;由单调收敛定理,当 $t \to \infty$ 时,(7.14)中等式右端第一项收敛于 $E^x[\mathrm{e}^{-\rho\tau_b+\theta X_{\tau_b}} I_{\{\tau_b<+\infty\}}]$ 。所以,当 $t \to \infty$ 时,(7.14)成为

$$u(x) = E^x[\mathrm{e}^{-\rho\tau_b+\theta X_{\tau_b}} I_{\{\tau_b<+\infty\}}] = E^x[\mathrm{e}^{-\rho\tau_b+\theta X_{\tau_b}}], x < b$$

4. 首次通过时间 τ_b 和 X_t 的联合分布

不失一般性,假设 $X_0 = 0$, τ_b 和 X_t 的联合分布,即

$$P^0(X_t \geqslant x, \tau_y \leqslant z) = P^0(X_t \geqslant -\hat{x}, \tau_b \leqslant z)$$

对于一些固定的数 $x \equiv -\hat{x} \leqslant b$ 且 $b > 0$ 有多种应用,包括障碍期权的定价。

定理 7.5　假设 $X_0 = 0$,用 $U(\rho,\theta)$ 表示 $P^0(X_t \geqslant -\hat{x}, \tau_b \leqslant z)$ 关于 $\hat{x}$ 和 z 的二重拉普拉斯变换,即

$$U(\rho,\theta) = \int_0^{+\infty}\int_{-\infty}^{+\infty} \mathrm{e}^{-\theta\hat{x}-\rho z} P^0(X_t \geqslant -\hat{x}, \tau_b \leqslant z)\mathrm{d}\hat{x}\mathrm{d}z$$

则对任意的 $\theta \in (0, \eta_1)$ 和足够大的 $\rho > \max\{G(\theta), 0\}$,有

$$U(\rho,\theta) = \frac{\sum_{i=1}^{m+1} c_i e^{-\beta_{i,\rho} y}}{\theta(\rho - G(\theta))}$$

其中 $\beta_{1,\rho},\beta_{2,\rho},\cdots,\beta_{m+1,\rho}$ 是方程$G(x)=\rho$的$m+1$个正根，且有 $0<\beta_{1,\rho}<\beta_{2,\rho}<\cdots<\beta_{m+1,\rho}$，$c=(c_1,c_2,\cdots,c_{m+1})^{\mathrm{T}}$ 是线性方程组 $Ac=B$ 的解，A、B 同定理 7.4。

证明　因为 $\theta>0$

$$\begin{aligned} U(\rho,\theta) &= \int_0^{+\infty}\int_{-\infty}^{+\infty} e^{-\theta\hat{x}-\rho z} E^0\left[I_{\{X_t\geqslant -\hat{x},\tau_b\leqslant z\}}\right] d\hat{x}\, dz \\ &= E^0\left[\int_{\tau_b}^{+\infty}\left(\int_{-X_t}^{+\infty} e^{-\theta\hat{x}-\rho z}\, d\overline{x}\right) dz\right] \\ &= \frac{1}{\theta}E^0\left[\int_{\tau_b}^{+\infty} e^{\theta X_t-\rho z}\, dz\right] \\ &= \frac{1}{\theta}E^0\left[e^{-\rho\tau_b}\int_0^{+\infty} e^{\theta X_{t+\tau_b}-\rho z}\, dz\right] \end{aligned} \tag{7.15}$$

另一方面，由于 $\rho>\max\{G(\theta),0\}$

$$\begin{aligned} & E\left[e^{-\rho\tau_b}\int_0^{+\infty} e^{\theta X_{t+\tau_b}-\rho z}\, dz \mid F_{\tau_b}\right] \\ &= e^{-\rho\tau_b+\theta X_{\tau_b}} E^0\left[\int_0^{+\infty} e^{\theta X_t-\rho z}\, dz\right] \\ &= e^{-\rho\tau_b+\theta X_{\tau_b}}\int_0^{+\infty} e^{(G(\theta)-\rho)z}\, dz \\ &= \frac{e^{-\rho\tau_b+\theta X_{\tau_b}}}{\rho-G(\theta)} \end{aligned} \tag{7.16}$$

把(7.15)和(7.16)结合到一起，应用定理 7.4 即可得到 $U(\rho,\theta)=\dfrac{\sum_{i=1}^{m+1} c_i e^{-\beta_{i,\rho} y}}{\theta(\rho-G(\theta))}$。

7.2 蒙特卡罗模拟

蒙特卡罗方法(Monte Carlo method)，也称统计模拟方法，是 20 世纪 40 年代中期由于科学技术的发展和电子计算机的发明，而被提出的以概率统计理论为指导的一类非常重要的数值计算方法。是指使用随机数(或更常见的伪随机数)来解决很多计算问题的方法。蒙特卡洛方法可用于近似计算圆周率:让计算机每次随机生成两个 0 到 1 之间的数,看这两个实数是否在单位圆内。生成一系列随机点,统计单位圆内的点,当随机点取得越多(但即使取 10 的 9 次方个随机点时,其结果也仅在前 4 位与圆周率吻合)时,其结果越接近于圆周率。

当衍生证券估值没有精确解析公式时,可用数值计算方法。蒙特卡罗模拟是一种对欧式衍生证券进行数值估值的方法,当衍生证券的收益依附于标的变量的历史数据或衍生证券依附于多个标的变量时,可用蒙特卡罗方法对该衍生证券进行估值。

7.2.1　单个标的变量的情形

考虑衍生证券只依附于一个标的随机变量的情况。

假设这个变量不是利率,在这种情况下可用于

$$f = \mathrm{e}^{-\bar{r}t}E(f_T) \tag{7.17}$$

其中 E 表示风险中性世界中的期望,$\bar{r}$ 为 0 时刻到 T 时刻瞬态无风险利率的平均值,f_T 为时刻 T 的收益。这时可用模拟股票价格的方法模拟风险中性中该变量的一种可能的路径,这样就可以计算出衍生证券的最终价值,这一最终价值可被看作是全部可能终值集合中的一个随机样本。再选取该变量的第二条样本路径,可以获得第二个样本的终值。更多的样本路径得出更多的样本终值。计算出大量的终值后,比如 10 000 个,$E(f_T)$ 就用他们的算术平均来估计,利用式(7.17)可计算出衍生证券的现值。

另外,也可以将计算出的每个样本终值进行贴现,然后再取它们的算术平均值。单个终值的贴现或单个终值的计算称为一次模拟运算,10 000 个终值的计算就包含了 10 000 个模拟运算。

假设变量是短期无风险利率 r 或其他与 r 有关的变量。蒙特卡罗模拟与上述类似,只是每次模拟运算的贴现率不同。风险中性世界中 r 的路径将被模拟。对每次模拟运算,既要计算衍生证券有效期内的 r 的平均值,还要计算该衍生证券的终值。在进行下一次模拟运算之前,衍生证券的终值必须用这个 r 的平均利率贴现并保存这个结果。在完成大量的模拟运算之后,就可以算出经贴现后的终值的算术平均值,由

$$f = E(f_T\mathrm{e}^{-\bar{r}t}) \tag{7.18}$$

就得到了衍生证券的估计值。

为了更一般性地描述只有一个标的变量的蒙特卡罗模拟方法，假设这个变量为 α，定义 β 为 α 的标准差，$\hat{m}$ 为 α 风险中性世界中的增长率。为了进行模拟，衍生证券的有效期被分成 N 个长度为 Δt 的小段，在风险中性世界中 α 过程的离散化形式为

$$\Delta\alpha = \hat{m}\alpha\Delta t + \beta\alpha_{\in}\sqrt{\Delta t} \tag{7.19}$$

其中，$\Delta\alpha$ 是在 Δt 时间内 α 的变化，$\in$ 是标准正态分布中抽取的一个随机样本。为进行一次模拟运算，必须从标准正态分布中抽取 N 个独立随机样本，把这些样本代入式(7.19)，即可算出 $0, \Delta t, 2\Delta t, \cdots, T$ 时刻的 $\Delta\alpha$ 值。这些计算提供了一条 α 的模拟路径，因而可计算出衍生证券的一个样本终值。

7.2.2 多个标的变量的情形

当存在多个变量时，每次模拟运算中对每个变量的路径都必须进行抽样。从样本路径进行的每次模拟运算可以得出衍生证券的终值。如果瞬态无风险利率 r 是这些状态变量的函数，则每次模拟运算必须计算出 r 的平均值 $\bar{r}$。在下次模拟运算开始之前，该终值应该用 $\bar{r}$ 贴现。需要强调的是，为了进行模拟，所有变量(包括 r)的随机过程必须是各变量在风险中性世界中所遵循的过程。

假设有 n 个变量 $\alpha_i(1 \leqslant i \leqslant n)$。定义 s_i 为 α_i 的波动率，$\hat{m}_i$ 为 α_i 在风险中性世界中的期望增长率，ρ_{ik} 为 α_i 和 α_k 之间的瞬态相关系数。同单个变量情况下一样，衍生证券的有效期被分成 N 个长度为 Δt 的小段，在风险中性世界中 α_i 过程的离散化形式为

$$\Delta\alpha_i = \hat{m}_i\alpha_i\Delta t + s_i\alpha_{i\in_i}\sqrt{\Delta t} \tag{7.20}$$

其中，$\Delta\alpha_i$ 是在 Δt 时间内 α_i 的变化，$\in_i$ 是标准正态分布中抽取的一个随机样本，$\in_i$ 和 $\in_k$ 之间的相关系数是 ρ_{ik}，$1 \leqslant i,k \leqslant n$。进行一次模拟运算，必须从多维标准正态分布中抽取 N 个独立随机样本，把这些样本值代入式(7.20)，可产生每个 α_i 的模拟路径。由此可计算出衍生证券的一个样本终值。

蒙特卡罗模拟方法可以很容易地扩展到衍生证券有效期内不同时刻所发生的终值情况。但是蒙特卡罗方法不适用于美式衍生证券。

7.2.3 随机样本的产生

大部分程序语言都为抽取 0 到 1 之间的随机数编制了程序。用下式可以获得一个单变量标准正态分布的近似样本值。

$$\in = \sum_{i=1}^{12} R_i - 6$$

其中 R_i $(1 \leqslant i \leqslant 12)$ 是 0 到 1 之间的相互独立的随机数，$\in$ 是从标准正态分布中获得的所要求的样本。这一近似方法可满足大多数要求。

如需从二维标准正态分布中抽取样本，则可以用如下方法：设 y_1 和 y_2 是用上述方法从单变量标准正态分布中抽取的独立样本。则所求样本 $\in_1$ 和 $\in_2$ 的计算为：

$$\in_1 = y_1,\ \in_2 = \rho y_1 + y_2 \sqrt{1-\rho^2}$$

其中 ρ 是二维正态分布中变量间的相关系数。

如果 n 维正态分布中变量 i 和 j 之间的相关系数是 ρ_{ij}，则首先从单变量标准正态分布中抽取 n 个独立变量 $y_i(1 \leqslant i \leqslant n)$，所求样本为 $\in_i(1 \leqslant i \leqslant n)$，其中

$$\in_i = \sum_{k=1}^{i} \alpha_{ik} y_k$$

为了使 $\in_i$ 有正确的方差并使 $\in_i$ 和 $\in_j$ $(1 \leqslant j \leqslant n)$ 之间有正确的相关系数，必须有 $\sum_k \alpha_{ik}^2 = 1$ 和 $\sum_k \alpha_{ik}\alpha_{jk} = \rho_{ij}$。

令第一个样本 $\in_1$ 等于 y_1，求解这些包含 α 的方程式，可以通过 y_1 和 y_2 求得 $\in_2$，通过 y_1、y_2 和 y_3 求得 $\in_3$，依次类推。

7.2.4　模拟运算数目

进行模拟运算的次数取决于所要求的精度。若 M 是如上所述进行的独立运算的个数，则通常要计算该衍生证券模拟运算给出的贴现终值的标准差及均值。定义 μ 和 ω 分别是其均值和标准差，则该估计值的标准误差是 $\frac{\omega}{\sqrt{M}}$，如果对估计要求 95%的置信区间，则该证券的价格 f 应满足：

$$\mu - \frac{1.96\omega}{\sqrt{M}} < f < \mu + \frac{1.96\omega}{\sqrt{M}}$$

该式子表明：我们对衍生证券价值的不确定性和模拟运算次数的平方根成反比。因此，若要将精确度提高一倍，模拟运算次数提高为原来的 4 倍，若要将精确度提高为原有的 10 倍，模拟运算次数提高为原来的 100 倍，如此等等。

与其他方法相比，在有三个和三个以上多个随机变量时，蒙特卡罗模拟的运算

是很有效率的。因为随变量个数的增加，蒙特卡罗模拟运算的时间近似为线性增长，而其他大多数方法随变量个数的增加其计算时间呈指数增长。蒙特卡罗模拟方法还有一个优点就是给出了估计值的标准误差，并适用于复杂随机过程以及终值的计算。特别是当终值依赖于某个变量遵循的整个路径的函数而不是该变量终值时，该方法也适用。蒙特卡罗模拟方法的局限性是它只能用于欧式衍生证券估值。

7.3 加权平均指数跳扩散模型下回望期权的定价

回望期权是一种路径依赖型期权，它的敲定价格依赖于整个回望期内的原生资产的价格，它的收益依附于期权有效期内标的资产达到的最大或最小价格。回望期权包括回望看涨期权和看跌期权。下面我们给出加权平均指数跳扩散模型下回望看跌期权的价格，对于回望看涨期权可由对称性得到。

7.3.1 回望期权的拉普拉斯变换

在风险中性测度 Q 下，到期日是 T 的回望看跌期权(LBP)的价格为：

$$\begin{aligned}\mathrm{LBPP}(T) &= E[\mathrm{e}^{-rT}(\max\{M, \max_{0\leqslant t\leqslant T}S_t\} - S_T)] \\ &= E[\mathrm{e}^{-rT}\max\{M, \max_{0\leqslant t\leqslant T}S_t\}] - S_0\end{aligned}$$

其中，$M \geqslant S_0$ 是固定的常数，代表在 0 时刻规定的最大值。

我们用拉普拉斯变换给出 LBPP 的解析定价公式。$V(x,\tau)$ 的拉普拉斯变换定义为

$$U(x,p) = L[V(x,\tau)] = \int_0^{\infty} V(x,\tau)\mathrm{e}^{-p\tau}\mathrm{d}\tau$$

其中，p 是变换变量。令

$$U^{\mathrm{LBPP}}(\rho,T,M) = \int_0^{+\infty} \mathrm{e}^{-\rho T}\mathrm{LBPP}(T)\mathrm{d}T$$

定理 7.6 在风险中性测度 Q 下，对一切足够大的 $\rho>0$，到期日是 T 的回望看跌期权价格的拉普拉斯变换为：

$$U^{\mathrm{LBPP}}(\rho,T,M) = \frac{S_0}{\rho+r}\sum_{i=1}^{m+1}\frac{d_i}{\beta_{i,\rho+r}-1}\left(\frac{S_0}{M}\right)^{\beta_{i,\rho+r}-1} + \frac{M}{\rho+r} - \frac{S_0}{\rho} \tag{7.21}$$

其中，$\beta_{1,\rho+r},\beta_{2,\rho+r},\cdots,\beta_{m+1,\rho+r}$ 是方程 $G(x)=\rho+r$ 的 $m+1$ 个正根，且 $d=(d_1,d_2,$

$\cdots, d_{m+1})^{\mathrm{T}}$是线性方程组 $Ad = 1$ 的唯一解，A，1 同定理 7.4。

证明　定义 $M_Y(t) = \max\limits_{0 \leqslant u \leqslant t} X_u$，则对任意的 $t > 0$，我们先证明

$$\lim_{y \to +\infty} \mathrm{e}^y P M_Y(t) \geqslant y = 0 \tag{7.22}$$

因为 $G(\theta)$ 是 levy 过程$\{X_t : t\} \geqslant 0$ 的指数，过程$\{\mathrm{e}^{\theta X_t - G(\theta)t} : t \geqslant 0, \theta \in (-\nu_1, \eta_1)\}$是鞅。固定 $\theta \in (1, \eta_1)$ 使得 $G(\theta) > 0$，因为 $G(\eta_1 -) = +\infty$，这个 θ 必存在，并且 $G(\theta)$ 在区间$(1, \eta_1)$上是连续的。记

$$\mathrm{e}^{\theta y} P(\tau_y \leqslant t) \leqslant E[\mathrm{e}^{\theta X_{t \wedge \tau_y}}] \leqslant \mathrm{e}^{G(\theta)t} E[\mathrm{e}^{\theta X_{t \wedge \tau_y} G(\theta)(t \wedge \tau_y)}] \leqslant \mathrm{e}^{G(\theta)t}$$

因此对于任意的 $y > 0$，

$$\mathrm{e}^y P M_Y(t) \geqslant y = \mathrm{e}^{(1-\theta)y} \mathrm{e}^{\theta y} P M_Y(t) \geqslant y = \mathrm{e}^{(1-\theta)y} \mathrm{e}^{\theta y} P(\tau_y \leqslant t) \leqslant \mathrm{e}^{(1-\theta)y} \mathrm{e}^{G(\theta)t}$$

注意到 $\theta > 1$，因此让 $y \to +\infty$ 完成证明 $\lim\limits_{y \to +\infty} \mathrm{e}^y P M_Y(t) \geqslant y = 0$。

定义 $L(S_0, M, T) = E[\mathrm{e}^{-rT} \max\{M, \max\limits_{0 \leqslant t \leqslant T} S_t\}] = E[\mathrm{e}^{-rT} \max\{M, S_0 \mathrm{e}^{M_Y(T)}\}]$，并且 $l = \log(M/S_0) \geqslant 0$，则有

$$\begin{aligned} L(S_0, M, T) &= S_0 E[\mathrm{e}^{-rT} \max\{\mathrm{e}^l, \mathrm{e}^{M_Y(T)}\}] \\ &= S_0 \mathrm{e}^{-rT} E[\mathrm{e}^{M_Y(T)} - \mathrm{e}^l I_{\{M_Y(T) \geqslant l\}}] + S_0 \mathrm{e}^{l - rT} \\ &= S_0 \mathrm{e}^{-rT} E[\mathrm{e}^{M_Y(T)} - \mathrm{e}^z I_{\{M_Y(T) \geqslant l\}}] + M \mathrm{e}^{-rT} \end{aligned}$$

另一方面，我们能得到

$$\begin{aligned} E[\mathrm{e}^{M_Y(T)} - \mathrm{e}^l I_{\{M_Y(T) \geqslant l\}}] &= \int_0^{+\infty} (\mathrm{e}^y - \mathrm{e}^l) I_{\{y \geqslant l\}} f_{M_Y(T)}(y) \mathrm{d}y \\ &= -\int_l^{+\infty} (\mathrm{e}^y - \mathrm{e}^l) \mathrm{d}P[M_Y(t) \geqslant y] = \int_l^{+\infty} \mathrm{e}^y P[M_Y(t) \geqslant y] \mathrm{d}y \end{aligned}$$

其中，$f_{M_Y(T)}$ 是 $M_Y(t)$ 的概率密度函数。因此，

$$L(S_0, M, T) = S_0 \mathrm{e}^{-rT} \int_l^{+\infty} \mathrm{e}^y P[M_Y(t) \geqslant y] \mathrm{d}y + M \mathrm{e}^{-rT}$$

对任意的 $\rho > 0$，关于 T 的 $L(S_0, M, T)$ 的拉普拉斯变换为

$$\begin{aligned} \int_0^{+\infty} \mathrm{e}^{-\rho T} L(S_0, M, T) \mathrm{d}T &= S_0 \int_0^{+\infty} \mathrm{e}^{\rho T} \mathrm{e}^{-rT} \int_l^{+\infty} \mathrm{e}^y P(M_Y(t) \geqslant y) \mathrm{d}y \mathrm{d}T + \frac{M}{\rho + r} \\ &= S_0 \int_z^{+\infty} \mathrm{e}^y \left[\int_0^{+\infty} \mathrm{e}^{-(\rho + r)T} P(M_Y(t) \geqslant y) \mathrm{d}T\right] \mathrm{d}y + \frac{M}{\rho + r} \end{aligned} \tag{7.23}$$

利用分部积分得到

$$\int_0^{+\infty} \mathrm{e}^{-(\rho+r)T} P(M_Y(t) \geqslant y)\mathrm{d}T = \frac{1}{\rho+r}\int_0^{+\infty} \mathrm{e}^{-(\rho+r)T}\mathrm{d}P(M_Y(t) \geqslant y)$$

$$= \frac{1}{\rho+r}\int_0^{+\infty} \mathrm{e}^{-(\rho+r)T}\mathrm{d}P(\tau_y \leqslant T) = \frac{1}{\rho+r}E\left[\mathrm{e}^{(\rho|r)\tau_y}\right]$$

应用定理 7.4,所以对于足够大的 $\rho>0$,有

$$\int_0^{+\infty} \mathrm{e}^{(\rho|r)T} P(M_Y(t) \geqslant y)\mathrm{d}T = \frac{1}{\rho+r}\sum_{i=1}^{m+1}\mathrm{d}_i \mathrm{e}^{-\beta_{i,\rho+r}y} \tag{7.24}$$

把(7.24)代入(7.23)得到

$$\int_0^{+\infty} \mathrm{e}^{-\rho T} L(S_0,M,T)\mathrm{d}T = S_0\int_z^{+\infty} \mathrm{e}^y\left[\frac{1}{\rho+r}\sum_{i=1}^{m+1} d_i \mathrm{e}^{-\beta_{i,\rho+r}y}\right]\mathrm{d}y + \frac{M}{\rho+r}$$

$$= \frac{S_0}{\rho+r}\sum_{i=1}^{m+1} d_i\int_z^{-\infty} \mathrm{e}^{-(\beta_{i,\rho+r}-1)y}\mathrm{d}y + \frac{M}{\rho+r}$$

因为 $\beta_{1,\rho+r} > \beta_{1,r} = 1$ 且 $\beta_{i,\rho+r} > \eta_1 > 1(i = 1,2,\cdots,m+1)$,因此我们得到:

$$\int_0^{+\infty} \mathrm{e}^{-\rho T} L(S_0,M,T)\mathrm{d}T = \frac{S_0}{\rho+r}\sum_{i=1}^{m+1}\frac{d_i}{\beta_{1,\rho+r}-1}\mathrm{e}^{-(\beta_{i,\rho+r}-1)z} + \frac{M}{\rho+r}$$

$$= \frac{1}{\rho+r}\sum_{i=1}^{m+1}\frac{d_i\beta_{i,\rho+r}}{\beta_{i,\rho+r}-1}\left(\frac{S_0}{M}\right)^{\beta_{i,\rho+r}-1} + \frac{M}{\rho+r}$$

又由于 $\mathrm{LBPP}(T) = L(S_0,M,T) - S_0$,

则有 $U^{\mathrm{LBPP}}(\rho,T,M) = \dfrac{S_0}{\rho+r}\displaystyle\sum_{i=1}^{m+1}\frac{d_i}{\beta_{i,\rho+r}-1}\left(\frac{S_0}{M}\right)^{\beta_{i,\rho+r}-1} + \frac{M}{\rho+r} - \frac{S_0}{\rho}$,证毕。

7.3.2 回望期权价格的数值解

为了得到回望期权价格的数值解,我们用单向一维欧拉反演算和蒙特卡罗模拟两种方法反求(7.21),数值结果见表 7.1。表中 EI 表示欧拉反演算法,MC 表示蒙特卡罗方法,MCSE 表示蒙特卡罗标准误差。MC 模拟值是通过模拟 20 000 个样本路线和使用步长为 0.000 01 估计得到的。从表 7.1 中可以看到,利用欧拉反演算法得到的数值结果均在用蒙特卡罗模拟法得到的数值结果的置信水平为 95%的置信区间内。

表 7.1　回望看跌期权价格的数值结果

<table>
<tr><th colspan="3">参数</th><th>EI 数值解</th><th>MC 模拟值</th><th>MCSE</th></tr>
<tr><td rowspan="12">$S_0 = 100$
$p = 0.4, q = 0.6$
$p_2 = 1.2$
$p_1 = -0.2$
$q_1 = -0.3$
$q_2 = 1.3$
$r = 0.05$
$\eta_1 = 50$
$\eta_2 = 30$
$\nu_1 = 40$
$\nu_2 = 30$
$t = 1$
$X = 1\ 000$</td><td rowspan="3">$M = 105$
$\sigma = 0.1$</td><td>$\lambda = 1$</td><td>7.137 7</td><td>7.144 4</td><td>0.007 2</td></tr>
<tr><td>$\lambda = 3$</td><td>8.384 5</td><td>8.397 1</td><td>0.007 4</td></tr>
<tr><td>$\lambda = 5$</td><td>9.544 0</td><td>9.552 6</td><td>0.007 5</td></tr>
<tr><td rowspan="3">$M = 105$
$\sigma = 0.2$</td><td>$\lambda = 1$</td><td>15.117 8</td><td>15.124 4</td><td>0.006 8</td></tr>
<tr><td>$\lambda = 3$</td><td>15.968 8</td><td>15.975 6</td><td>0.006 8</td></tr>
<tr><td>$\lambda = 5$</td><td>16.794 6</td><td>16.806 4</td><td>0.006 8</td></tr>
<tr><td rowspan="3">$M = 107$
$\sigma = 0.1$</td><td>$\lambda = 1$</td><td>7.690 9</td><td>7.699 5</td><td>0.014 5</td></tr>
<tr><td>$\lambda = 3$</td><td>8.914 3</td><td>8.932 9</td><td>0.010 8</td></tr>
<tr><td>$\lambda = 5$</td><td>10.054 7</td><td>10.065 2</td><td>0.011 1</td></tr>
<tr><td rowspan="3">$M = 107$
$\sigma = 0.2$</td><td>$\lambda = 1$</td><td>15.488 8</td><td>15.497 6</td><td>0.010 4</td></tr>
<tr><td>$\lambda = 3$</td><td>16.334 2</td><td>16.343 9</td><td>0.010 4</td></tr>
<tr><td>$\lambda = 5$</td><td>17.154 9</td><td>17.108 9</td><td>0.010 5</td></tr>
</table>

7.4　加权平均指数跳扩散模型下障碍期权的定价

障碍期权是一种路径依赖型期权，这种期权是否有效取决于标的资产价格在一段特定时间内是否达到了某个特定的水平(临界值)，这个临界值就称为障碍水平。障碍期权共有八类：上升入局看涨期权、上升出局看涨期权、上升入局看跌期权、上升出局看跌期权、下降入局看涨期权、下降出局看涨期权、下降入局看跌期权、下降出局看跌期权。下面，我们给出加权平均指数跳扩散模型下上升入局看涨期权的定价，其他期权可类似得到。

7.4.1　障碍期权的二重拉普拉斯变换

在风险中性测度 Q 下，固定执行价格为 K，到期日为 T 的上升入局看涨障碍期权(UICB)的价格为

$$\mathrm{UICB}(K,T) = E[\mathrm{e}^{-rt}(S_T - K)^+ I_{\{\tau_d < T\}}]$$

其中 $H > S_0$ 是障碍水平，$d = \log \dfrac{H}{S_0}$ 是相应于收益过程 $X_t = \log(S_t/S_0)$ 的障碍。引入换算系数 X，则 UICB 能变为

$$\mathrm{UICB}(k,T) = E\left[X\mathrm{e}^{-rT}\left(\frac{S_T}{X} - \mathrm{e}^{-k}\right)^{+} I_{\{\tau_d < T\}}\right]$$

其中 $k = \log(X/K)$。

定义 UICB(k,T) 的二重拉普拉斯变换

$$\hat{f}_{\mathrm{UICB}}(\rho,\omega) = \int_0^{+\infty}\int_{-\infty}^{+\infty} \mathrm{e}^{-\omega k - \rho T}\,\mathrm{UICB}(k,T)\,\mathrm{d}k\mathrm{d}T$$

定理 7.7 在风险中性测度 Q 下，对任意的 $\omega \in (0, \eta_1 - 1)$ 及足够大的 $\rho > \max\{G(\omega+1) - r, 0\}$ 有

$$\hat{f}_{\mathrm{UICB}}(\rho,\omega) = \frac{S_0^{\omega+1}\sum_{i=1}^{m+1} l_i \mathrm{e}^{-\beta_{i,\rho+r}d}}{X^{\omega}\omega(\omega+1)(r+\rho-G(\omega+1))} \tag{7.25}$$

其中，$\beta_{1,\rho+r}, \beta_{2,\rho+r}, \cdots, \beta_{m+1,\rho+r}$ 是方程 $G(x) = \rho + r$ 的 $m+1$ 个正根，且 $l = (l_1, l_2, \cdots, l_{m+1})^{\mathrm{T}}$ 是线性方程组 $Al = C$ 的唯一解，A 同定理 (7.4)。$C = \mathrm{e}^{(\omega+1)b}\left(1, \dfrac{\eta_1}{\eta_1 - \omega - 1}, \dfrac{\eta_2}{\eta_2 - \omega - 1}, \cdots, \dfrac{\eta_m}{\eta_m - \omega - 1}\right)^{\mathrm{T}}$。

证明
$$\begin{aligned}
\hat{f}_{\mathrm{UICB}}(\rho\omega) &= X\int_0^{+\infty}\int_{-\infty}^{+\infty} \mathrm{e}^{-\omega k-(r+\rho)T} E\left[\left(\frac{S_T}{X} - \mathrm{e}^{-k}\right)^{+} I_{\{\tau_d<T\}}\right]\mathrm{d}k\mathrm{d}T \\
&= XE\left[\int_0^{+\infty} \mathrm{e}^{-(r+\rho)T} I_{\{\tau_d<T\}} \int_{-\log(S_T/X)}^{-\infty} \mathrm{e}^{-\omega k}\left(\frac{S_T}{X} - \mathrm{e}^{-k}\right)^{+}\mathrm{d}k\mathrm{d}T\right] \\
&= \frac{1}{X^{\omega}\omega(\omega+1)} E\left[\int_0^{+\infty} \mathrm{e}^{-(r+\rho)T} I_{\{\tau_d<T\}} S_T^{\omega+1}\mathrm{d}T\right] \\
&= \frac{1}{X^{\omega}\omega(\omega+1)} E\left[\int_{\tau_d}^{+\infty} \mathrm{e}^{-(r+\rho)T} S_T^{\omega+1}\mathrm{d}T\right]
\end{aligned}$$

作变量替换 $T = t + \tau_d$，则上式 $= \dfrac{1}{X^{\omega}\omega(\omega+1)} E\left[\mathrm{e}^{-(r+\rho)\tau_d}\displaystyle\int_0^{+\infty} \mathrm{e}^{-(r+\rho)t} S_{t+\tau_d}^{\omega+1}\mathrm{d}t\right]$

$$\tag{7.26}$$

另一方面，收益过程 $\{X_t\}$ 的强马尔可夫性隐含对任意的 $\rho > G(\omega+1) - r$，则

$$\begin{aligned}
&\mathrm{E}\left[\left(\mathrm{e}^{-(r+\rho)\tau_d}\int_0^{+\infty}\mathrm{e}^{-(r+\rho)t}S_{t+\tau_d}^{\omega+1}\,\mathrm{d}t\right)\Big|\,F_{\tau_d}\right]\\
&=\mathrm{e}^{-(r+\rho)\tau_d}S_{\tau_d}^{\omega+1}\int_0^{+\infty}\mathrm{e}^{-(r+\rho)t}E\left[\mathrm{e}^{(\omega+1)X_t}\right]\mathrm{d}t\\
&=\mathrm{e}^{-(r+\rho)\tau_d}S_{\tau_d}^{\omega+1}\int_0^{+\infty}\mathrm{e}^{-(r+\rho-G(\omega+1))t}\,\mathrm{d}t\\
&=\frac{S_0^{\omega+1}\mathrm{e}^{-(r+\rho)\tau_d+(\omega+1)X_{\tau_d}}}{r+\rho-G(\omega+1)}
\end{aligned}\tag{7.27}$$

其中 $G(\cdot)$ 为 $\{X_t\}$ 的指数，应用定理 7.4，把(7.25)和(7.26)结合到一起，即可得结论。

7.4.2　障碍期权价格的数值解

为了得到上升入局看涨障碍期权价格的数值解，我们用双向二维欧拉反演算和蒙特卡罗模拟两种方法反求(7.25)，数值结果见表 7.2。表中 EI 表示欧拉反演算法，MC 表示蒙特卡罗方法，MCSE 表示蒙特卡罗标准误差。MC 模拟值是通过模拟 10 000 个样本路线和使用步长为 0.000 05 估计得到的。从表 7.2 中可以看到，利用欧拉反演算法得到的数值结果均在用蒙特卡罗模拟法得到的数值结果的置信水平为 95%的置信区间内。

表 7.2　上升入局看涨障碍期权价格的数值结果

参数			EI 数值解	MC 模拟值	MCSE
$S_0=100$ $p=0.4,q=0.6$ $p_2=1.2$ $p_1=-0.2$ $q_1=-0.3$ $q_2=1.3$ $r=0.05$ $\eta_1=50$ $\eta_2=30$ $\nu_1=40$ $\nu_2=30$ $t=1$ $X=1\ 000$	$K=102$ $\sigma=0.2$	$H=105$	10.099 7	10.108 5	0.020 0
	$K=102$ $\sigma=0.2$	$H=110$	10.048 9	10.081 7	0.020 4
	$K=102$ $\sigma=0.2$	$H=115$	9.830 3	9.831 4	0.021 2
	$K=102$ $\sigma=0.3$	$H=105$	13.758 8	13.758 4	0.028 6
	$K=102$ $\sigma=0.3$	$H=110$	13.741 8	13.783 8	0.028 8
	$K=102$ $\sigma=0.3$	$H=115$	13.662 6	13.688 3	0.029 1
	$H=115$ $\sigma=0.2$	$K=101$	10.025 8	10.035 3	0.020 8
	$H=115$ $\sigma=0.2$	$K=105$	8.358 3	8.361 9	0.020 7
	$H=115$ $\sigma=0.2$	$K=109$	6.841 6	6.846 8	0.020 7
	$H=115$ $\sigma=0.3$	$K=101$	13.942 0	13.914 1	0.028 4
	$H=115$ $\sigma=0.3$	$K=105$	12.251 0	12.249 5	0.029 4
	$H=115$ $\sigma=0.3$	$K=109$	10.701 2	10.673 0	0.029 8

第8章　双指数跳扩散模型的MCMC估计

布朗运动和正态分布在期权定价和资产收益中广泛使用，Black 和 Merton 成功地基于布朗运动和正态分布建立期权定价模型。但是我们知道其还存在两个问题：资产收益经验分布的尖峰和非对称特征和期权定价中的波动微笑特征。近几十年很多研究都是通过解释 B-S 模型的这两个缺陷来修正 Black-Scholes 公式，如描述收益分布的尖峰和非对称特征的文献有 Barndorff 和 Eberlein 等的广义抛物线模型；Madan 和 Andersen 等的时变布朗运动。但是这些模型的一个共同问题就是很难获得期权定价的解析解。同时也有众多模型来解释波动微笑，主要有 Hull 等的随机波动模型，Cox 等的 CFV 模型，Robert 的常强度正态跳扩散模型等。同样的这些模型没有很好地体现尖峰和非对称的特征，特别是尖峰特征。

2002 年，Kou 提出了双指数跳扩散模型，该模型最主要的特点就是能产生一个尖峰厚尾分布。此外，更重要的是在双指数跳扩散模型下能给出易处理的欧式期权和奇异期权的定价公式。为此，双指数跳扩散模型已经获得了广泛的承认。然而，该模型的估计和实证分析至今没有引起很高的重视。本章的主要目的就是填补这个缺口。

在模型的参数估计方面，如何从离散数据取样中得到连续时间模型的有效推断是参数估计的最大难题，对应于这种挑战，连续时间过程的各种相容技术相继出现。其中，最早的成果是 Ait-Sahalia 的半参数估计，Duffie 开发了一种利用经验特征函数的估计方法，但是这种方法仅仅是为仿射类模型设计的；另外还有一类模拟矩估计方法，还有 Hansen 等的 GMM 方法。在 1995 年 Pedersen 将估计问题作为缺失值问题的 MCMC 方法出现了，虽然这种方法不能适应隐含因子，但是为 MCMC 技术的发展提供了新的思路。

近年来，各种新型的估计方法不断出现，但是大致可以将它们概括为两类：①以广义矩方法（GMM）为代表的矩方法；②以马尔可夫链蒙特卡罗（MCMC）为代表的模拟方法。

GMM 是 Hansen 提出的，它是计量经济学中的第一个不依赖于分布的估计方法。在过去的 20 年中，该方法被用于资产定价实证分析的每一个方面，其后人们又对这一方法进行了改进和扩展，主要表现在权矩阵的估计等方面。如果用模拟技术来产生矩，此时的方法被称为是模拟矩方法（SMM）。而用间接推断的方法产生矩条件，就得到有效矩方法（EMM）。借助于模拟技术的估计方法除了 SMM 方法外，还包括马尔可夫链蒙特卡罗（MCMC）方法、模拟极大似然（SML）法等。在这些方法中，影响最大使用最广的就是 MCMC 方法。

马尔可夫链蒙特卡罗（Markov Chain Monte Carlo）方法，简称 MCMC 方法，是一种特殊的蒙特卡罗方法，它将随机过程中的马尔可夫过程引入到蒙特卡罗模拟中，实现动态模拟（即抽样分布随模拟的进行而改变）。本质上，MCMC 方法是使用马尔可夫链的蒙特卡罗积分。已知市场因子的历史数据，实际上是已知变量的后验分布，要求的一些后验量如均值、方差、分位数可归结为对高维的后验分布进行积分计算。

在本章中，通过将跳扩散过程的离散似然函数作为近似后验，使用 MCMC 方法来估计跳扩散模型。由于在跳跃因子中存在两个隐含变量：跳跃规模和跳跃时间。那么如何估计隐含变量就成为模型参数估计成功的关键，Eraker 给出了模型中含有隐含变量时，参数估计值和隐含变量估计的 MCMC 实现方法。而在本文所建立的模型中就包含了跳跃时间和跳跃规模这两个隐含变量。在运用 MCMC 方法对双指数跳扩散模型进行估计时，首先要获得参数的联合后验分布，而联合后验分布是以离散的观测值为基础的，所以首先必须对该模型进行离散化。

8.1　双指数跳扩散模型的离散化

8.1.1　双指数分布

对于式（6.3）我们还可以重写 Y 为

$$Y^d = \begin{cases} \xi_1, \text{以概率 } p \\ -\xi_2, \text{以概率 } q \end{cases}$$

其中 ξ_1, ξ_2 是参数分别为 $1/\eta_1, 1/\eta_2$ 的指数分布。为了便于参数估计，我们考虑更简单的双指数分布，其密度函数为

$$f_{Y_i}(y) = \frac{1}{2\eta} e^{-|y-k|/\eta}, 0 < \eta < 1$$

其中 k 是 Y_i 的均值，且有

$$P(y-k=\xi)=P(y-k=-\xi)=0.5$$

这里,ξ 是双指数变量,ξ 的均值为 η,方差为 η^2。

8.1.2 双指数跳扩散模型的离散化

使用 MCMC 方法进行模型的参数估计,首先要获得参数的后验分布,这样就必须对模型进行离散化。常用的方法是采用 Euler 方法,这种方法比较简单,但是误差也相对较大。

我们对随机微分方程(6.2)采用 Euler 方法离散,即可得到:

$$\begin{aligned}\frac{\Delta S(t)}{S(t)} &\approx \left(\mu-\frac{1}{2}\sigma^2\right)\Delta t+\sigma(W(t+\Delta t)-W(t))+\sum_{i=N(t)+1}^{N(t+\Delta t)}Y_i+\\ &\qquad \frac{1}{2}\sigma^2(W(t+\Delta t)-W(t))^2\\ &\approx \mu\Delta t+\sigma Z_t\sqrt{\Delta t}+\sum_{i=N(t)+1}^{N(t+\Delta t)}Y_i \end{aligned} \tag{8.1}$$

其中,Z_t 是标准正态随机变量,泊松过程 $N(t)$ 有一次跳跃的概率是 $\lambda\Delta t$,超过一次的概率是 $o\Delta t$,因此如果 Δt 足够小,可以忽略多次跳跃,且有

$$\sum_{i=N(t)+1}^{N(t+\Delta t)}Y_i \approx \begin{cases}Y_i, P=\lambda\Delta t\\ O, P=1-\lambda\Delta t\end{cases} \tag{8.2}$$

总之,当 Δt 很小时,收益可以近似为:

$$\frac{\Delta S(t)}{S(t)} \approx \mu\Delta t+\sigma Z_t\sqrt{\Delta t}+B_tY_t \tag{8.3}$$

其中,B_t 为贝努利随机变量,Y_t 是收益的跳跃规模,服从双指数分布。且

$$P(B_t=1)=\lambda\Delta t,\quad P(B_t=0)=1-\lambda\Delta t$$

这样收益 $\frac{\Delta S(t)}{S(t)}$ 就可以用正态密度来近似,收益的均值和方差为

$$E\left(\frac{\Delta S(t)}{S(t)}\right)=\mu\Delta t+k\lambda\Delta t+o(\Delta t)\approx \mu\Delta t+k\lambda\Delta t \tag{8.4}$$

$$\begin{aligned}\mathrm{Var}\left(\frac{\Delta S(t)}{S(t)}\right) &= \sigma^2\Delta t+2\eta^2\lambda\Delta t(1-\lambda\Delta t)+o(\Delta t)\\ &\approx \sigma^2\Delta t+2\eta^2\lambda\Delta t(1-\lambda\Delta t)\end{aligned} \tag{8.5}$$

可以看到这种资产收益分布的一个重要特征就是：相对于正态密度而言，这种分布在均值附近有更高的峰度和厚尾，也就是尖峰特征。另外一个需要提到的是，如果跳跃规模均值 k 不为 0，则密度是非对称的。实际上，如果 $k<0$，向左偏；反之向右偏。

另外，还发现，资产收益分布的尖峰和厚尾特征随着 $|k|$，λ 和 η 的增大而变得更加显著；虽然跳跃规模的对数为正态分布可以体现收益分布的厚尾特征，但是他不可能同时有尖峰和厚尾的特征。

8.2 模型的估计

8.2.1 双指数跳扩散模型的似然函数

由(8.3)可知

$$\frac{\dfrac{\Delta S(t)}{S(t)}-\mu\Delta t-B_tY_t}{\sigma\sqrt{\Delta t}}\approx Z_t\sim N(0,1) \tag{8.6}$$

参数 $\theta=(\mu,\sigma,k,\eta)$ 基于观测值集合的对数似然函数是

$$\ln p(\theta\mid S)\approx-\frac{1}{2}\sum_{t=1}^{n}\ln(\sigma^2\Delta t)-\frac{1}{2}\sum_{t=1}^{n}\frac{\left(\dfrac{S_t-S_{t-1}}{S_t}-\mu\Delta t-B_tY_t\right)^2}{\sigma^2\Delta t} \tag{8.7}$$

8.2.2 双指数跳扩散模型的 MCMC 方法

马尔可夫链蒙特卡罗方法(MCMC)是最近发展起来的一种简单且行之有效的 Bayes 计算方法，在众多的统计应用中被证明是一种比传统独立取样更有效的取样方法，在计量经济学和金融学中，MCMC 方法也被广泛使用。其基本思想是通过建立一个平稳分布为 $\pi(\cdot)$的 Markov 链来得到 $\pi(\cdot)$的样本。此外，MCMC 有多种算法，其中最常见的是 Metropolis-Hastings 算法，该算法理论上的可行性详见文献[54]。

依据贝叶斯原理，参数向量 θ 基于数据 Y 的条件分布可以通过后验密度 $p(\theta|Y)$ 获得，即

$$\pi(\theta \mid Y) = cp(Y \mid \theta)\pi(\theta) \tag{8.8}$$

其中 $p(Y|\theta)$是似然函数,$\pi(\theta)$是 θ 的先验分布。

在双指数跳扩散模型中,由于引入了跳跃因子,而这些跳跃因子都是隐含变量,从而参数的估计将更加复杂,要解决参数的估计问题,首先要解决隐含变量的估计问题;Eraker 对含有隐含变量的扩散模型估计提出了相应的解决方案,即在用 MCMC 的 MH 算法从参数的后验分布中抽取每一组参数样本的同时,运用 MCMC 的 Gibbs 算法从隐含变量的后验分布中抽取一组隐含变量。下面是参数向量 θ,跳跃时间 $J=(J_t,t=1,2,\cdots,n)$和跳跃规模 $Y=(Y_t,t=1,2,\cdots,n)$的后验分布:

扩散和跳跃参数 θ:$\pi(O \mid S,J,Y)\infty p(S \mid O,J,Y)\pi(O)$

跳跃时间 $J = (J_t,t = 1,2,\cdots,n)$:$\pi(J_t \mid S_t,S_{t-1},O,Y_t)\infty p(S_t \mid O,S_{t-1},J_t,Y_t)\pi(J_t)$

跳跃规模 $Y = (Y_t,t = 1,2,\cdots,n)$:$\pi(Y_t \mid S_t,S_{t-1},O,J_t)\infty p(S_t \mid O,S_{t-1},J_t = 1,Y_t)\pi(Y_t)$

对于 MCMC 的 MH 算法来说,首先要解决的是建议密度的 $q(\cdot|\mathrm{O})$选择,具体的讨论可以参见 Chib 等,Gilks 等。在本文中使用的是随机游走的 MH 算法,即建议密度为[−0.5,0.5]上的均匀分布,参数向量 θ 按照下面的方法更新

$$\theta' = \theta + \tau\varepsilon \tag{8.9}$$

其中 ε 是区间[−0.5,0.5]上均匀分布误差项,τ 是调和参数,通过 τ 的值可以调整误差项的方差,一般来说 τ 值应该使得接受概率在 20%到 30%之间。

双指数跳扩散模型的 MCMC 估计步骤如下:

(1)给定参数的初值 $\theta^{(0)}$;

(2)使用 Gibbs 算法分别从跳跃时间 J 和跳跃规模 Y 的后验分布中抽取隐含变量 $J=(J_t,t=1,2,\cdots,n)$与 $Y=(Y_t,t=1,2,\cdots,n)$;

(3)给定现在状态 $\theta^{(i)}$,从建议密度 $q(\theta'|\theta^{(i)})$产生备选值 θ';

(4)计算接受概率 $T(\theta^{(i)},\theta')$

$$T(\theta^{(i)},\theta') = \min\left\{1,\frac{\pi(\theta' \mid y)q(\theta^{(i)} \mid \theta')}{\pi(\theta \mid y)q(\theta' \mid \theta)}\right\} \tag{8.10}$$

(5) 以概率 $T(\theta^{(i)},\theta')$ 接受备选值,即 $\theta^{(i+1)} = \theta'$;反之拒绝备选值,即 $\theta^{(i+1)} = \theta^{(i)}$;

(6) 重复前面的步骤(2) ~ (5),获得$\{\theta^{(0)},\theta^{(1)},\theta^{(2)},\theta^{(3)},\cdots\}$,剔除前面的 d 个值,则$\{\theta^{(d+1)},\theta^{(d+2)},\theta^{(d+3)},\cdots\}$ 都有相同的后验密度 $\pi(\theta \mid y)$。

8.2.3　参数抽样结果的收敛性分析

在 MCMC 算法中，取样的样本路线为 $\{\theta^{(i)}: i = 1,2,\cdots,N\}$，输出的遍历均值为

$$\bar{f}_N = \frac{1}{N}\sum_{i=1}^{N} f(\theta^{(i)}) \tag{8.11}$$

其中函数 $f(\theta^{(i)})$ 是一个实值函数，遍历均值的中心极限定理有

$$\sqrt{N}(\bar{f}_N - E_\pi(f(\theta))) \xrightarrow{D} N(0,\sigma^2) \tag{8.12}$$

其中 $E_\pi(f(\theta))$ 是关于分布 $\pi(\theta \mid x)$ 的期望算子，为了讨论 $E_\pi(f(\theta))$ 作为遍历均值估计的准确性，必须估计 σ_f^2，估计 σ_f^2 最常用的方法是由 Robert 提出的，用块均值的方法来估计 σ_f^2 。

为了使用块均值来估计 σ_f^2，令 $N = m\times n$，这里 n 要足够大，目的就是使块均值服从独立同分布，取

$$y_k = \frac{1}{n}\sum_{i=(k-1)n+1}^{kn} f(\theta^{(i)}) \tag{8.13}$$

对于 $k = 1,2,\cdots,m$，y_k 收敛于独立同分布 $N\left(E_\pi(f(\theta)),\frac{\sigma_f^2}{n}\right)$，这样 σ_f^2 的估计值就是

$$\tilde{\sigma}_f^2 = \frac{n}{m-1}\sum_{k=1}^{m}(y_k - \bar{f}_N)^2 \tag{8.14}$$

同时，$\bar{f}_N$ 的标准误差可以用 $\sqrt{\tilde{\sigma}_f^2/N}$ 来估计，这个标准误差也为参数估计值的蒙特卡罗标准误差(MCSE)。另外还要计算所有样本的标准离差 σ_f

$$\sigma_f = \sqrt{\frac{1}{N-1}\sum_{i=1}^{N}(f(\theta^{(i)}) - \bar{f}_N)^2} \tag{8.15}$$

Kim 等提出了可以用模拟无效因子(SIF)来平价抽样样本的模拟效果，Meyer 等[56]给出了 SIF 的计算公式

$$\mathrm{SIF} = \frac{\tilde{\sigma}_f^2}{\sigma_f^2} \tag{8.16}$$

8.3 模型的实证分析

8.3.1 参数的估计结果

为了对双指数跳扩散模型进行参数估计，我们分别采用上海和深圳股市的周综合指数数据，即从 1994 年 6 月 1 日到 2006 年 5 月 30 日共 12 年的上海股市周综合指数和深圳股市周综合指数。参数先验分布利用文献[27][50]中介绍的先验分布，各个参数的先验分布分别假定为：$\mu \sim N(0,10)$，$\sigma^2 \sim IG(5,0.05)$，$k \sim N(0,10)$，$\eta^2 \sim IG(5,0.05)$，$\lambda \sim \beta(2,40)$。实证研究表明，参数的估计值不会随着先验分布的改变而发生明显的变化，这也说明参数的后验分布不会随着参数的先验分布发生显著变化[57]，见表 8.1。

表 8.1 基于 MCMC 方法的双指数跳扩散模型的参数估计结果

数据	参数	均值	置信区间(95%)	SD	MCSE	SIF	AC
上海股市综合指数	μ	−0.074 803	−0.305 240,0.155 635	0.117 57	0.001 175 03	5	0.27
	σ^2	0.184 264	0.117 952,0.250 577	0.033 833	0.000 645 75	18	0.23
	k	0.027 500	−0.069 735,0.061 973	0.017 589	0.000 1675 5	6	0.26
	η^2	0.004 608	5.142 160,0.009 165	0.002 325	0.000 000 00	6	0.26
	λ	0.052 951	−0.008 371,0.114 250	0.031 698	0.000 383 50	8	0.28
深圳股市综合指数	μ	−0.043 931	−0.288 511,0.200 649	0.124 768	0.001 442 15	7	0.24
	σ^2	0.153 357	0.099 638,0.207 081	0.027 419	0.000 551 44	20	0.23
	k	0.016 500	−0.014 938,0.047 938	0.016 040	0.000 148 50	5	0.24
	η^2	0.004 122	0.000 536,0.007 707	0.001 829	0.000 000 00	8	0.25
	λ	0.050 534	−0.008 694,0.109 762	0.030 219	0.000 387 47	8	0.28

运用前面介绍的 MCMC 方法，采用上面的数据和参数的先验分布形式，用 MH 算法迭代 60 000 次，舍弃掉前面的 10 000 个抽样，记录模拟值的后 50 000 个抽样样本，所得的参数估计结果如表 8.1 所示，隐含变量 $X = (X_t, t = 1,2,\cdots,n)$ 的结果见图 8.2。其中，SD 是参数抽样样本的标准离差；MCSE 是蒙特卡罗模拟误差，通过式(8.11)～(8.14)来计算；SIF 是模拟无效因子，SIF 是用来检验模拟

样本的收敛效果的，通过公式(8.15)和式(8.16)来计算；在计算 MCSE 和 SIF 时，我们令 $f(\theta^{(i)}) = \theta^{(i)}, m = 50, n = 1\ 000$，AC 为在 MCMC 算法中的样本接受概率。

在表 8.1 中，跳跃强度为 0.05 以上，也就意味着上海和深圳股市每年发生跳跃的次数为 2～3 次(上海综合指数的跳跃规模见图 8.1)。从跳跃规模的均值来看，上海和深圳股市的收益分布都存在有偏性，上海和深圳两市的 k 都大于 0，所以收益分布向右偏。

通过图 8.1 和图 8.2 的比较，可以很好地看出：当收益波动较大时，跳跃明显地发生，且跳跃的规模也较大；反之当收益很平稳时，跳跃很少发生，且跳跃规模都是很小的。从估计结果可以看出该模型很好地拟合了资产收益分布的经验特征：有偏和尖峰厚尾。

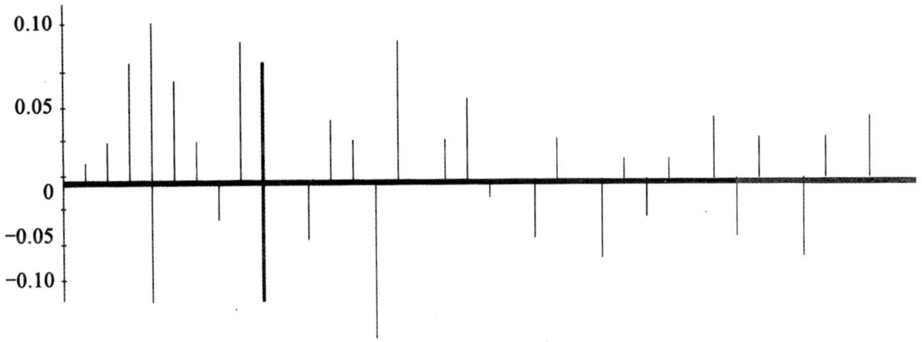

图 8.1　上海综合指数收益的跳跃图

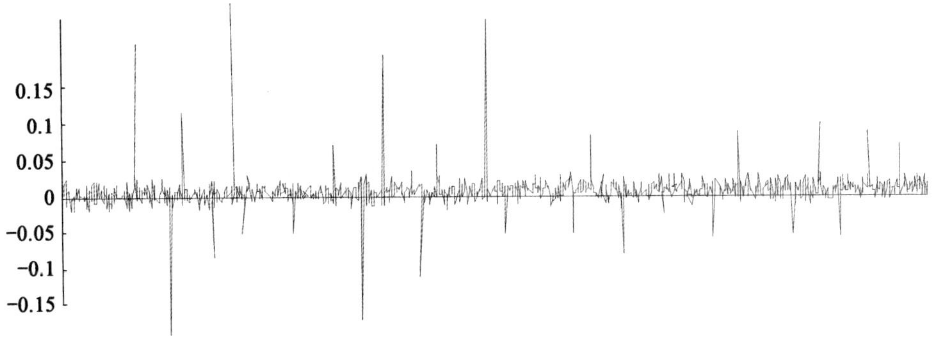

图 8.2　上海综合指数的收益图

8.3.2 结果分析

将参数的估计值代入到 DFJD 模型中，模拟出 600 个股指数据，并和原始数据进行了比较。

图 8.3 将原始股指数据分布情况与估计出来的股指数据分布作了比较，可以看出，该图形近似为一条直线。说明模拟出的股指数据分布与原始数据的分布情况基本一致。

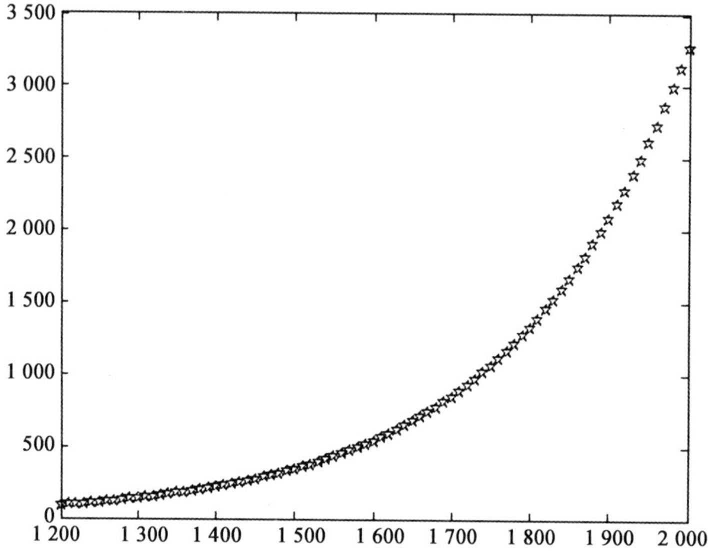

图 8.3 原始股指数据分布与模拟股指数据分布比较图

利用模拟所得的股票价格来求收益序列的峰度和偏度，所得结果为

$$\text{Kurt} = 19.9876$$

$$\text{Skew} = 2.5438$$

从上面的结果我们可以看出：模拟收益序列的峰度和偏度远远大于正态分布的峰度和偏度。从而也就证明了双指数跳扩散模型能够很好地同时描述资产收益分布的尖峰厚尾和有偏性，这是与以往模型最大的区别。另外，在用 MCMC 方法对参数进行估计的同时，还估计了跳跃发生的时间和跳跃的规模，而 Kou 在估计双指数跳扩散模型的时候仅仅估计了模型的参数。所以，模拟结果和估计结果也

说明了 MCMC 方法更适合估计含有隐含变量的连续时间模型。

8.4　结论

本章中，基于 Euler 方法获得参数后验分布的离散密度，用 MCMC 方法估计了双指数跳扩散模型及模型中的隐含跳跃变量，发现 MCMC 方法可以很好地估计连续时间模型，特别是含有隐含变量的连续时间模型。通过该模型，所模拟的股指数据和实际数据的分布基本一致，从而说明了双指数跳扩散可以很好地描述资产收益的分布特征。

结　束　语

本文以 B-S 期权定价模型为基础,研究期权定价问题。将 B-S 期权定价模型的假设条件放宽并加以修正,得到推广的 B-S 期权定价模型和跳扩散模型,在这些模型下,期权定价公式与实际情况更接近。而对风险资产价格满足的双指数跳扩散模型,在常系数情形下,讨论了期权隐含波动率和定价偏差现象,给出了欧式期权和一些奇异期权定价公式。加权平均指数分布能近似任何分布,包括正态分布和各种各样的厚尾分布。将双指数跳扩散模型进行延伸,给出加权平均指数跳扩散模型及该模型下两种奇异期权的定价公式。为了验证模型的正确性,最后是用 MCMC 方法估计了双指数跳扩散模型及模型中的隐含跳跃变量,发现 MCMC 方法可以很好地估计连续时间模型,特别是含有隐含变量的连续时间模型。模拟试验也表明双指数跳扩散模型能够体现资产收益的许多经验特征、尖峰后尾特征和期权定价中的波动微笑。

本文的工作仅是初步的,还有许多内容和问题有待进一步研究:

(1)更多的奇异期权(如复合期权、重置期权、美式期权等)定价问题的研究;

(2)多标的资产的期权定价问题;

(3)双指数跳扩散模型下期货期权的定价及其在金融工程中的应用;

(4)将跳扩散模型与随机波动率模型结合,进一步研究期权定价问题;

(5)利用 MCMC 对加权平均指数跳扩散模型进行参数估计。

参 考 文 献

[1] Black F, Scholes M. The pricing of options and corporate liabilities[J]. Journal of political economy, 1973, 81: 133-155.

[2] Dumas B, Fleming J, Whaley R. Implied volatility functions: Empirical tests [J]. Finance, 1998, 6: 2059-2106.

[3] Hull J C, White A. The pricing of options on assets with stochasticvolatilities[J]. Finance, 1987, 1: 281-300.

[4] Merton R C. Theory of rational option pricing[J]. Economic and Management Science. 1976, 4: 141-183.

[5] Merton R C. On the pricing of corporate debt: the risk structure of interest rates[J]. Finance, 1974, 29: 449-470.

[6] Amin I. K, Bodurths Jr J N. Discrete time valuation of American options with stochastic interestrates[M]. The Review of Financial Studies, 1995, 8: 193-233.

[7] Ho T S, Stapleton R C, Subrahmanam M G. The Valuation of Amerian options with Stochasticinterestrates: A Generalization of the GJ technique[J]. Finance, 1997, 52: 827-840.

[8] San-Lin Chung. American option Valuation under stochastic interest rates [J]. Review of Derivatives Research, 1999, 3: 283-307.

[10] Fouque J P, Papanicolaou G, Sircar K R. Derivatives in Financial Markets with stochasticVolatility[M]. London: Cambridge University Press, 2000.

[11] Bensoussan A. On the theory of option pricing[J]. Application of Mathematics, 1984, 2: 139-158.

[12] Detemple J, Tian W. The Valuation of American options for a class of diffusion processes[J]. Management Science, 2002, 7: 917-937.

[13] Buffington J, Elliott R J. American options with regime switching[J]. International J. of theoretical and applied Finance, 2002, 5: 497-514.

[14] Benth F E, Karlsen K H, Reikvan K. A semi-linear Black-Scholes partial differential equation for valuing Americanoptions[J]. Finance and Stochas-

tics, 2003,7:277-298.

[15] Van Moerbeke P. On optimal stopping and free boundary problems[J]. Arch. Rational Mech Anal,1975-1976,60:101-148.

[16] Jaillet P,Lamberton D,Lapeyre B. Variational inequalities and the pricing of American options[J]. Acta Appl Math,1990,21:263-289.

[17] Karatzas L,Wang H. A barrier option of American type, Applied Mathematics and Optimization,2000,42:259-279.

[18] Kuen Kwok Y,Ying Wong H. Currence-Translated foreign equity options with path dependent features and their mufti-asset extensions. International J of the Theoretical and Applied Finance,2000,2:257-278.

[19] Min Dai, Hoi Ying Wong,Yue Kuen Kwok. Quanto lookback options[J]. Mathematical Finance,2004,14:445-467.

[20] San-Lin Chung. Pricing American options on Foreign Assets in a Stochastic interest rate Economy[J]. Financial and Quantitative analysis,2002,4:667-692.

[21] Yong-JinKim. Option pricing under stochastic interest rates: An empirical investigation[J]. Asia-Pacific Financial Markets,2002,9:23-44.

[22] Nielsen J A,Sandmann K. Pricing of Asian exchange rate options under stochastic interest rates as a sum of option. Finance and Stochastics,2002, 6:355-370.

[23] 王莉君,张曙光.随机利率下重置期权的定价问题.高校应用数学学报,2002,4:471-478.

[24] 王莉君,张曙光. Vasicek 利率模型下的亚式期权的定价问题和数值分析,应用数学学报,2003,3:467-474.

[25] 姜礼尚.期权定价的数学模型与方法[M].北京:高等教育出版社,2003.

[26] Hull J C,张陶伟译.期权,期货和其他衍生产品[M].北京:华夏出版社,2000.

[27] Merton R C. Option pricing when underlying stock returns are discontinuous[J]. Financial Economics,1976,3:125-144.

[28] Bardhan L,Xiuli Chao. Martingale analysis for asset with discontinuous returns. Mathematics of Operation Researcle,1995,1:243-256.

[29] Bardhan L,Xiuli Chao. Stochastic multi-agent equilibria in economics with jump-diffusion uncertainty[J]. Economic Dynamics and Control,1996,20:

361-384.

[30] Mancini C. The European options hedge perfectly in a Poisson-Gaussian stock market model[J]. Applied Mathematical Finance, 2002,9:87-102.

[31] Mancini C. Uniqueness of the solution to a difference-partial differential equation for finance [J]. Mathematical Models and Methods in Applied Sciences,2003,7:919-943.

[32] 林建忠,叶中行.一类跳跃扩散型股价过程组欧式未定权益定价[J].应用概率统计,2002,2:167-172.

[33] 邓国和.跳跃扩散型汇率过程的外汇期权定价.经济数学,2003(20)1:13-18.

[34] 邓国和,杨向群.有跳风险的随机利率与动态资产分配.高校应用数学学报 A 辑,2006,第 3 或 4 期.

[35] 杨云锋,刘新平. 股票价格跳过程为复合过程 Possion 的期权定价模型[J].陕西师范大学学报,2005,33(3):14-17.

[36] Chan T. Pricing contingent claims on stocks driven by Levy processes[J]. The Annal of Applied Probability,1999,2:504-528.

[37] Nguyen-Thanh L. Analytical Approach to value option with state variables of a Levy system[J]. European Finance Review,2003,7;249-276.

[38] Scott L O. Pricing stock options in a Jump-diffusion model with stochastic volatility and interest rates: Applications of Fourier inversion methods[J]. Mathematical Finance,1997,4:413-424.

[39] Jiang G J. Testing option pricing models with stochastic volatility, random jump and stochastic interest rate[J]. International Review of Finance,2002, 3/4:233-272.

[40] Bakshi G,Cao C, Zhiwu Chen. Pricing and Hedginglong-term options[J]. Econometrics,2000,94:277-318.

[41] Morecki E. Optimal stopping for diffusion with jump[J]. Finance and Stochastics,1999,3:227-236.

[42] Gukhal C R. Analytical valuation of American options on jump-diffusion-processes[J]. Mathematical Finance,2001,1:97-115.

[43] Pham H. Optimal stopping, free boundary,and American option in a jump-diffusion Model[J]. Applied Mathematics and Optimization,1997,35:145-164.

[44] Zhou Chunsheng. The term structure of credit spreads with jump risk[J].

Banking and Finance,2001,25:2015-2040.

[45] Liu Ren Wu. Jumps and Dynamic Asset Allocation[J]. Review of Quantitative Finance and Accounting,2003,20:207-243.

[46] Liu J,Pan J. Dynamic derivativestrategies[J]. Financial Economics,2003,69:401-430.

[47] Beaker B,Johannes M,Polson N. The impact of jumps in Volatility and Returns[J]. The Journal of Finance,2003,3:1269-1300.

[48] Chen R R,Yeh S K. Analytical upper bounds for American option prices [J]. Financial and quantitative Analysis,2002,37:117-135.

[49] 陈超. 跳扩散过程的期权定价模型[D].(中南大学博士学位论文),2001.

[50] Kou S. A jump diffusion model for option pricing[J]. Management Science,2002,(8):1086-1101.

[51] Kou S,Wang. First passage times of a jump diffusion process[J]. Adv Applied Probability,2003,35:504-531.

[52] Kou S,Wang. Option pricing under a double exponential jump diffusionmodel[J]. Management Science,2004,9:1178-1192.

[53] Sepp A. Analytic pricing of double-barrier options under a double exponential jump diffusion process: Applications of laplacetransform[J]. International J of the Theoretical and Applied Finance,2004,2:151-175.

[54] 钱春沁. MCMC 理论及其在金融资产定价中的应用[D]. 南京理工大学学位论文,2003.

[55] Eraker B. MCMC analysis of diffusion models with application to finance [J]. Journal of Business and Economic Statistics,2001,19(2):959-993.

[56] Meyer R, Yu J. BUGS for a Bayesian analysis of stochastic volatility models[J]. Econometrics Journal,2000,3(2):198-215.

[57] 胡素华,张彤,张世英. 正态逆高斯扩散模型的 MCMC 估计[J]. 系统工程理论方法应用,2005,49(2):41-46.

[58] 亚历克斯·凯恩著. 投资学(原书第六版)[M]. 朱宝宪,楼远,吴远等译. 北京:机械工业出版社,2008.

[59] 邱宝环. B-S 模型的研究及应用推广[D]. 南京财经大学硕士学位论文,2011.

[60] 唐海霞. 跳跃-扩散模型下期权定价的等价公式[D]. 东南理工大学硕士学位论文,2014.

[61] 宋磊. B-S 期权定价公式的推广及期权风险控制[J]. 经济与管理科学辑,

2011，S1.
[62] 马媛媛. 欧式期权 B-S 定价模型的推广及期权交易的风控管理[D]. 山东大学硕士学位论文，2012.
[63] 杨双双. 股票期权定价研究[D]. 哈尔滨工业大学金融硕士学位论文，2014.
[64] Kou S，Cai Ning. Option Pricing under a Mixed-Exponential jump diffusion model[J]. Management Science，2011，9：1-28.